Lettre ouverte aux Français qui s'usent en travaillant et qui pourraient s'enrichir en dormant

JACQUES MARSEILLE

Lettre ouverte aux Français qui s'usent en travaillant et qui pourraient s'enrichir en dormant

Albin Michel

Collection « Lettre ouverte »

22, rue Huyghens, 75014 Paris

ISBN 2-226-05730-7
ISSN 0755-1789

A moi-même

« Quant à son temps, bien sut le disposer,
Deux parts en fit dont il voulait passer,
L'une à dormir et l'autre à ne rien faire. »

Jean de La Fontaine

FRANÇAIS, SI VOUS OSIEZ...

Les cadres vivent de plus en plus mal. Et, j'ose à peine l'écrire, ce n'est pas terminé. Fatigués, usés, stressés, ils doivent dans le désordre analyser, s'informer, discuter, diriger, dynamiser, innover, se cultiver, gérer, briller, exceller, faire face, progresser et désormais lutter comme des bêtes pour maintenir leur emploi, si ce n'est leur train de vie. Avec, en prime, faire de la « qualité » et du « zéro défaut » le lundi de 8 heures à 9 heures et de la régénération spirituelle à Deauville dans les séminaires de détente organisés le week-end. Bien sûr, ils ne sont encore que quelques dizaines de milliers à connaître le choc de la quarantaine finissante mais, comme n'importe quelle star du Top 50, ils sont désormais à la merci d'une fin de carrière abrupte après avoir côtoyé les sommets.

Il y a trois ans, je vous avais pourtant prévenus[1]. Le remède au mal était évident. Pourquoi

1. Jacques Marseille, *La France travaille trop. Eloge du jeune rentier*, Albin Michel, 1989.

l'avoir ignoré ? La science économique, écrivais-je alors, est fondée sur un principe simple énoncé dès 1776 par Adam Smith dans *La Richesse des nations*, à savoir que la motivation principale qui doit mener tous les agents économiques est la recherche de l'intérêt individuel.

Cela ne voulait pas dire évidemment, avais-je souligné, que l'*homo œconomicus* est un monstre d'égoïsme qui déserte le champ de bataille au moment où s'intensifie la guerre économique, cela aboutissait seulement à poser comme principe que l'homme, lorsqu'il est confronté à un choix entre deux solutions, doit choisir celle qui se traduit par un « plus » plutôt que celle qui se traduit pour lui par un « moins ».

Cela voulait dire surtout qu'à une époque où la fiscalité frappait plus lourdement les revenus du travail que ceux du capital, mieux valait pour ceux qui en avaient la possibilité — et ils étaient beaucoup plus nombreux qu'ils ne le pensaient — choisir de devenir rentiers et s'enrichir en dormant plutôt que continuer à s'user en travaillant.

Aujourd'hui, ce constat est encore plus évident et vous êtes de plus en plus nombreux à partager cette idée.

C'est *Entreprises et Carrières*, l'hebdomadaire de toutes les ressources humaines, qui fait sa « une » sur « la recherche du temps perdu » et constate : « Les cadres français travaillent beaucoup. Est-ce efficace ? Pas sûr. Stressés, éparpillés, indisponibles, ils sont sollicités en moyenne toutes les sept minutes et passent 80 % de leur temps à gérer le quotidien. »

C'est Gérard, cadre commercial dans une entreprise de services, qui avoue : « Je déteste le TGV. Avant, quand on allait à Lyon pour affaires, on prenait le temps de se faire un " bouchon " avec nos clients. On rentrait tranquillement le lendemain après une bonne nuit. A présent, levé à 5 heures, opérationnel de 10 à 18 heures, rentré à 21 heures... ça m'épuise. »

Combien êtes-vous, comme Gérard, à maudire les machines élevées à la gloire de l'efficacité et qui vous obligent à courir derrière elles ? Les téléfax qui répondent au quart de seconde et vous obligent à téléphoner deux fois, une fois pour avertir votre correspondant que vous l'avez envoyé, et l'autre pour lui demander s'il l'a reçu, les téléphones de voiture qui, à l'instar des pompiers, vous font courir au feu à la moindre alerte, les micro portables qui permettent de pianoter en avion ou sur les tables rustiques des maisons de campagne et sont une source massive d'heures supplémentaires non quantifiables.

Combien êtes-vous à travailler 60 heures par semaine et ne plus voir passer le temps, la vie, les autres, les saisons. Pour mieux ensuite vous faire « matraquer ». Préservés jusqu'ici, les cadres sont en effet en première ligne dans les plans de restructuration. Ils sont 132 000 au chômage. Une hausse de 30 % en un an.

Un mouvement qui ne fait que commencer, précisent les consultants américains à propos des programmes de réduction des cols blancs qui affectent aussi bien l'industrie que les services. Et qui se fait dans la plus grande discrétion. Avec l'accroissement de la compétition internationale et les difficultés de la conjoncture, les sociétés misent en effet sur une diminution des charges pour préserver leurs marges. Et les têtes qu'on coupe aujourd'hui ne sont plus celles des ouvriers mais celles aux tempes légèrement grisonnantes qui « rapportent » le plus.

Le calcul est vite fait : la suppression du poste d'un cadre gagnant 30 000 F par mois « rapporte », si l'on tient compte des économies de salaire, de charges sociales, de secrétariat, de bureau et de frais de déplacement, environ un million de francs en année pleine alors que le licenciement coûtera en moyenne entre 200 000 et 400 000 F, selon son ancienneté et la générosité de l'entreprise.

C'est surtout *Le Monde* qui révèle que « l'élite des grandes écoles est fatiguée » et que les « meilleurs des jeunes diplômés aspirent surtout à devenir rentiers », un mot autrefois chargé d'opprobre et qui, aujourd'hui, alimente les rêves d'une élite déjà éreintée. Pourquoi d'ailleurs s'en étonner ? Pourquoi surtout s'en indigner ? Elevés depuis la maternelle dans le culte de la performance et de l'efficacité, ils sont, à quarante ans, lassés naturellement de jouer les premiers de cordée.

« Mon père s'est sacrifié toute sa vie pour sa boîte, travaillant jusqu'à point d'heure, week-end compris. A 55 ans, ils l'ont viré comme un malpropre. Cela ne m'arrivera pas », a décidé Gilles qui, à 40 ans, a tout prévu : « J'ai fait l'ESSEC, j'ai un bon job, ma femme travaille, et nous mettons autant d'argent de côté que possible. Et dans dix ans, on part sur la Côte, je réhabiliterai des vieilles maisons. »

Avec ce témoignage, on est loin de l'image traditionnelle de la méritocratie dont ces jeunes cadres font logiquement partie. C'est pourtant ce qui ressort de l'enquête réalisée par le cabinet d'études EVS auprès d'un panel d'anciens élèves des douze plus grandes écoles commerciales ou d'ingénieurs en situation professionnelle depuis moins de dix ans.

Avec 1 100 questionnaires remplis, même le taux de réponse exceptionnel de 40 % donne une idée de l'ampleur de la mutation en cours. Ils sont 53 % des ingénieurs et 63 % des commerciaux à estimer par exemple que la semaine idéale devrait se partager entre quatre jours de travail et trois jours de congé. Réjouissant de constater qu'ils en espèrent une meilleure hygiène de vie et qu'ils entendent consacrer plus de temps aux relations familiales. Alors que leurs aînés identifiaient la retraite à la mort, le terme a pour eux une image réellement positive, synonyme de

	Ingénieurs	Commerciaux
Quelle affirmation suivante se rapproche le plus de votre définition de la réussite professionnelle ?		
• Atteindre un poste de direction générale dans une grande entreprise	34,4 *	21,7
• Réussir une carrière politique, culturelle ou artistique.	7,7	7,0
• Etre propriétaire de son entreprise (création ou reprise)	18,4	19,9
• Pouvoir travailler quand on le désire et consacrer plus de temps aux activités personnelles	37,9	50,5
• Avoir un métier passionnant	1,7	0,9
Pour vous, une semaine idéale, c'est :		
• 7 jours de travail, 0 jour de congé	0,0	0,0
• 6 jours de travail, 1 jour de congé	2,7	0,9
• 5 jours de travail, 2 jours de congé	33,6	27,6
• 4 jours de travail, 3 jours de congé	53,0	61,9
• 3 jours de travail, 4 jours de congé	5,7	6,3
• 2 jours de travail, 5 jours de congé	0,7	0,9
• 1 jour de travail, 6 jours de congé	0,0	0,0
• 0 jour de travail, 7 jours de congé	4,4	2,4
Vous gagnez ou héritez d'un capital qui, placé, vous produit sans risque un revenu de l'ordre de 300 000 à 500 000 F par an. Cela a-t-il des conséquences sur votre vie professionnelle ?		
• Oui	69,2	72,8
• Non	30,8	27,2
Quelle est, parmi les deux affirmations suivantes, celle qui se rapproche le plus de votre opinion ?		
• Il vaut mieux ne rien faire que de travailler, à condition de disposer du capital nécessaire	47,6	55,9
• Les rentiers sont des « profiteurs », si tout le monde en faisait autant. qui ferait « tourner » le pays ?	46,7	36,4
• Ni l'un, ni l'autre	5,7	7,7
Quel serait l'âge idéal de votre départ à la retraite ?		
• Moins de 50 ans	12,6	11,3
• Moins de 55 ans	24,4	41,6
• Moins de 60 ans	53,8	62,8

* Les réponses sont exprimées en pourcentage.

Source : Le Monde, mercredi 23 octobre 1991.

Les anciens élèves des écoles suivantes ont été interrogés : Polytechnique, Centrale Paris et Lyon, Supélec, Mines Paris, Ponts et Chaussées, Télécom Paris, Arts et Métiers, HEC, ESCP, ESSEC, ESC Lyon.

sécurité, de loisirs, de projets, d'enrichissement personnel et de temps libre. D'ailleurs, pas un seul d'entre eux n'envisage de la prendre après 60 ans, 41,6 % des commerciaux et 24,4 % des ingénieurs escomptant cesser le travail avant 55 ans. Plus de 70 % souhaiteraient même devenir immédiatement rentiers s'ils gagnaient ou héritaient d'un capital qui, sans risque, produirait un revenu de l'ordre de 300 000 F par an.

Seul un quarteron de stakhanovistes ringards invoquent encore la nécessité de continuer à travailler comme un devoir envers la société. Alors qu'ils sont une majorité à estimer qu'il vaut mieux ne rien faire que de travailler et une minorité à estimer que les rentiers sont des « profiteurs » et à se demander qui ferait « tourner le pays si tout le monde en faisait autant ».

Au lieu de les blâmer en dénonçant les menaces redoutables que font peser sur l'économie ces « héros fatigués avant l'âge », mieux vaut se féliciter au contraire de l'intelligence de ces jeunes quadragénaires. Car on frise la pathologie lorsqu'on estime qu'un manager qui ne travaille pas 60 heures par semaine ne peut pas exercer correctement son métier.

C'est précisément parce qu'ils sont l'élite de la nation que ces brillants diplômés ont compris mieux que les autres le principe fondamental de la science économique énoncé par Adam Smith.

C'est parce qu'ils en ont assez des leçons infligées par les masochistes à succès qu'ils veulent prendre leurs distances avec le modèle classique du jeune loup aux dents longues, prêt à devenir calife à la place du grand vizir.

C'est parce qu'ils sont plus sportifs que la moyenne des Français, fréquentent régulièrement les salles de cinéma et les musées et font preuve d'un sens du collectif plus faible que les autres catégories de la population qu'ils n'ont pas besoin de se réfugier dans le travail pour fuir une angoisse ou un problème extérieur.

C'est parce qu'ils ont plus que les autres le sens de la famille qu'ils refusent de la sacrifier sur l'autel de l'efficacité. C'est parce qu'ils ont plus d'humour que leurs aînés qu'ils refusent d'idolâtrer l'entreprise. C'est parce qu'ils sont moins constipés qu'ils se moquent de l'étreinte du samouraï et de l'ogre teuton.

C'est à eux et à tous les Français qui veulent en finir avec le culte de la valeur travail que j'adresse cette lettre, une lettre qui les disculpera — si besoin en était — de toute mauvaise conscience, les confortera dans leurs rêves et leur démontrera surtout à quel point, dans la France d'aujourd'hui, mieux vaut s'enrichir en dormant que s'user en travaillant.

LE COÛT DE LA PERFORMANCE

« Le travail rend libre. »

Phrase inscrite au portail
du camp de concentration de Dachau.

Pierre est directeur des ventes dans une firme commerciale réalisant un chiffre d'affaires de 3 milliards de francs et subit l'inexorable usure d'une vie de « bosseur ». L'inévitable amertume aussi qu'il cultive de manière masochiste en lisant sans répit les best-sellers à succès, *La France paresseuse*, *La France en panne*, *Français, si vous osiez...*, *Dieu est-il toujours français ?*, *La Guerre économique mondiale*, *Le Racket fiscal*, *Lettre ouverte à tous les Français qui ne veulent plus être pris* que *pour des cons...*

Amertume à l'égard de ses employés qui se moquent ouvertement du projet d'entreprise, du zéro défaut et des cercles de qualité qu'il anime pourtant consciencieusement. Amertume à l'égard du fisc, de la CSG, de la taxe départementale sur le revenu et de la cotisation maladie. Amertume à l'égard de son épouse délaissée, professeur de mathématiques, qui a mis en pièces une superbe cravate aux armes de l'entreprise offerte par la direction générale.

Pour résoudre les problèmes d'encombrement sur le périphérique, Pierre quitte son domicile à 7 heures du matin pour le retrouver à 22 heures. Ses 60 à 70 heures de travail par semaine, samedi matin souvent compris, il les affiche comme l'inévitable contrepartie de ses responsabilités. Sans évidemment oser s'avouer les véritables raisons de cette fuite en avant : peur de la conjoncture, peur de perdre son emploi dans un climat concurrentiel accru, peur de ne plus apparaître comme indispensable, peur d'être évincé par des plus jeunes, peur de perdre sa crédibilité face à un fantasme collectif de réussite, peur de ne plus réussir à assumer pour soi et sa famille un certain niveau de vie.

Sa famille ? Il la découvre le week-end quand ces rares moments préservés ne sont pas occupés par l'entreprise. C'est au cours de ces rendez-vous hebdomadaires qu'il s'étonne de voir ses enfants le reconnaître à peine. C'est aussi au cours de ces week-ends autrefois amoureux que son épouse lui énumère tous les problèmes auxquels il a miraculeusement échappé : les appels désespérés de ses parents qui s'indignent de voir leur cher fils oublier de leur téléphoner, la fuite d'eau dans la salle de bains, la révision de la voiture, l'angine de Carole, la dissertation de François qui passe le bac cette année pour la deuxième fois, la réservation des vacances d'hiver dont il ne s'est pas préoccupé, le découvert à la banque qu'il est urgent de combler...

Pierre a beau en effet gagner, à 48 ans, 540 000 F bruts annuels, il a de plus en plus de difficultés à maintenir son train de vie car le temps passé à travailler, c'est de l'argent... pour les autres. Pour le fisc qui lui prélève plus de 100 000 F au titre de l'impôt sur le revenu. Pour le plombier, le peintre ou l'électricien qui lui font cher payer son manque de disponibilité. Pour la boîte à bac à laquelle il a dû inscrire son fils. Pour le traiteur auquel son épouse Catherine s'adresse désormais pour recevoir ses amis, refusant d'assumer seule la charge des courses et de la préparation des repas. Pour la femme de ménage qui veut être inscrite à l'URSSAF. Pour l'agence qui lui loue à la dernière heure la villa avec piscine dans le village du Lubéron où il espère croiser son patron. Pour les livres jamais lus, les disques écoutés une seule fois, les cassettes vidéo enregistrées sans être jamais regardées. Pour la BMW qu'il faut bien garder pour maintenir son standing. Pour la résidence secondaire normande qu'il entretient à grands frais alors que ses enfants boudent le grand air qu'il voulait leur offrir. Pour le plan complémentaire qu'il a souscrit pour tenter de préserver une retraite incertaine...

Pierre aura-t-il enfin le courage d'oser ? D'oser admettre qu'il faut dire non au culte de l'entreprise et au coût humain de l'excellence. D'oser admettre qu'il est temps de profiter du patrimoine de 3,5 millions qu'il s'est patiemment constitué et qui lui permettrait de percevoir en dormant près de 300 000 F de revenus nets annuels, soit 100 000 F de moins seulement que le revenu qu'il obtient en s'usant à travailler.

Jean, chef d'entreprise, bosseur infatigable, est à la tête d'une PME qui réalise un chiffre d'affaires de 20 millions avec une marge nette de 7 %, une marge de plus en plus fragilisée. A tel point qu'en 1991, il a bien failli rejoindre les 55 000 entreprises qui ont déposé leur bilan, une toutes les dix minutes.

Manquant cruellement de fonds propres, il a subi de plein fouet, comme emprunteur, les taux d'intérêt élevés qui lui auraient permis de s'enrichir en dormant comme créancier. Alors qu'il doit faire face au marchandage permanent de ses clients qui ont pris la détestable habitude de le régler à trois voire à quatre mois. Aux difficultés de la conjoncture qui, depuis la guerre du Golfe, s'est considérablement dégradée. A l'URSSAF qui a majoré ses cotisations de 10 % alors que c'est la Poste qui était responsable du retard du courrier. A l'Inspection du travail qui veut l'obliger, conformément à un règlement qui n'existait pas au moment de la fondation de l'usine, à construire un passage couvert entre les vestiaires et l'atelier distant de quelques mètres, ce qui aurait pour effet d'empêcher les camions de circuler ! A la grogne du personnel auquel il a dû supprimer la prime de fin d'année et annoncer le blocage des salaires en 1992. A la défaillance d'un gros client qui lui laisse une ardoise de 800 000 F. Aux banques qui menacent de couper les ponts.

Et pourtant, avec les 7 millions que vaut son affaire, Jean pourrait dégager un revenu net d'au moins 500 000 F par an, soit bien plus évidemment que le salaire qu'il se verse avec pour seul horizon le soleil blême se levant sur les préfabriqués de ses ateliers. Mais Jean est un être moral pour lequel il faut gagner son pain à la sueur de son front et l'homme ne vaut que ce qu'il fabrique.

Serge, médecin, marié, quatre enfants, commence à éprouver le malaise des généralistes qui, pour 35 000 F nets par mois, craignent pour leur avenir et leur... santé. Il redoute les 5 000 nouveaux diplomés qui, chaque année, viennent quémander leur part d'un marché fort encombré.

Il déplore la perte de prestige d'une profession, autrefois noble, désormais trop souvent bafouée. A 90 F la consultation, il arrive que des patients lui donnent 100 F en disant : « Gardez la monnaie. » Comme s'il était un dépanneur de Darty.

Il éprouve de l'humiliation quand les représentants des laboratoires lui proposent une caisse de champagne contre une certaine bienveillance et poussent à la consommation de certains médicaments. Il s'inquiète quand le gouvernement annonce l'inévitable maîtrise des dépenses de santé. Il dénonce l'essor des spécialistes qui pratiquent des tarifs élevés en se basant sur le raisonnement simpliste selon lequel si je fais des choses compliquées, je suis cher et puisque je suis cher, je suis compétent.

Il a beau avoir, au prix d'une disponibilité totale, un chiffre d'affaires convenable... Quand il a acquitté les charges liées au cabinet, l'amortissement d'un matériel de plus en plus sophistiqué, les déplacements et l'entretien de sa voiture, l'URSSAF et la cotisation à la caisse de retraite, les abonnements aux revues et le petit matériel, les 25 000 F de revenus mensuels qu'il perçoit aujourd'hui suffisent mal à nourrir une famille de quatre enfants qui poursuivent leurs études et ne risquent pas de quitter de si tôt un *home* qui offre une qualité d'hébergement et de services fort convenable.

Alors que s'il vendait les tableaux que sa passion des choses anciennes lui a fait acquérir à des prix ridicules, le dessin du Parmesan du XVIe siècle qu'il a payé 3 000 F et qui cote à Drouot 800 000 F, celui d'Annibal Carrache, de l'école de Bologne, qu'il a payé 1 500 F et qui vaut 400 000 F, les deux pompiers de Bouguereau que l'oncle de sa femme leur a offerts en cadeau de mariage et qu'ils vendraient facilement 800 000 F chacun, il pourrait disposer d'un capital de 2 800 000 F qui lui assurerait un revenu mensuel non imposable de plus de 20 000 F par mois. De quoi lui permettre de prendre le temps de vivre sans être « interpellé » par les coups de téléphone intempestifs, les gardes de nuit et les fêtes de fin d'année gâchées par les urgences. De quoi prendre le temps de fouiller les bouquinistes, les vieux libraires et les puces comme il y a vingt ans. De quoi surtout éviter un nouvel infarctus comme celui qui l'a ébranlé il y a un an.

Agrégé d'histoire, docteur ès lettres et sciences humaines, professeur d'université, enseignant-chercheur au top de l'enseignement supérieur, Michel gagne à 47 ans 17 198 F par mois et une prime de recherche « revalorisée » de 6 000 F par an. En fin de carrière, à 65 ans, il pourra prétendre à 25 000 F s'il atteint la classe « exceptionnelle », une récompense réservée toutefois à une infime minorité.

Geneviève, sa femme, qui est institutrice, reçoit 10 000 F nets par mois et s'épuise à tel point qu'elle a conseillé à son fils qui voulait devenir professeur de voir d'abord un psychiatre. Phrase excessive sans doute mais qui révèle un malaise réel, 6 % seulement des enseignants sondés par la SOFRES en avril 1991 conseillant à leurs enfants de les imiter !

Au crépuscule de la quarantaine, Michel et Geneviève vivent de plus en plus mal. S'ils aiment encore leur métier, comme 80 % des enseignants, ils estiment leur salaire insuffisant, sont mécontents de la place qui leur est faite dans la société et ont envie de tout « larguer ».

Et puis surtout, ils ont le sentiment fort désagréable d'avoir été « b... » par le gouvernement de gauche dont ils espéraient tant, comme la fameuse revalorisation des salaires qui se fait toujours attendre malgré les promesses tellement affirmées que certains de leurs amis sont persuadés qu'elles ont été tenues !

Michel, qui a pourtant le sens aigu de la fonction publique, se met donc à rêver — sacrilège — d'un système où les « bons » enseignants devraient gagner davantage que les « mauvais », comme ceux qui vident les amphis dès le deuxième cours et, forts de l'ennui qu'ils inspirent, n'ont aucun disciple à diriger.

Certes, il pourrait, comme eux, se contenter de ses quatre heures hebdomadaires et consacrer l'essentiel de son temps à poursuivre ses recherches en évitant de les rattraper mais, assez stupide pour avoir le goût de l'enseignement et le sens des responsabilités, il est de toutes les instances où l'on sollicite sa candidature et de tous les jurys auxquels on le supplie de participer.

En poste à Clermont-Ferrand, il a de plus en plus de mal à supporter les conditions de travail qui lui sont faites. Un récent séjour aux Etats-Unis l'a d'ailleurs « assassiné ». Chargé d'un enseignement pendant six semaines, il s'est vu tout naturellement offrir un bureau, un téléphone lui permettant d'appeler son épouse, un fax, un Mac avec son imprimante, une bibliothèque universitaire « ouverte » qui lui a enfin permis de mettre à jour sa bibliographie et une rémunération qui avoisinait le double de celle qu'il perçoit en France.

De retour en France, il a éprouvé le sentiment fort pénible de « débarquer » dans un pays sous-développé et caressé la tentation de décrocher.

Et pourtant, s'il vendait sa grande maison de Saint-Mandé qu'il a acquise au temps béni de l'inflation et qui vaut 2 500 000 F alors qu'il ne lui reste plus que 200 000 F à rembourser, si Geneviève prenait sa retraite — dont elle pourrait jouir immédiatement au prorata de ses années d'activité dans la mesure où elle a mis au monde trois enfants —, ils disposeraient d'un revenu mensuel disponible — c'est-à-dire sans impôts — d'environ 23 000 F par mois, de quoi entretenir fort honnêtement une vie paisible de rentiers dans la Dordogne où ils rêvent de s'installer, à l'abri du besoin et de la sinistrose qui risque de les laminer.

François est contremaître chez Renault. « Bénéficiaire » du plan social de la Régie, il est aujourd'hui au chômage. Mais comme il est propriétaire d'un pavillon à Meudon acheté pour une misère en 1970 et qu'il a de l'or dans les mains, il vit plutôt mieux, optimalisant son oisiveté en multipliant les travaux au noir qui, finalement, lui « rapportent » plus que le salaire qu'il touchait en activité. Et dans la mesure où Clara, son épouse, tient fermement les cordons de la bourse, il s'en sort, c'est honteux à dire, plutôt mieux. Et s'il avait eu l'occasion de lire le dernier ouvrage d'Alain Minc [1], il aurait bien sûr approuvé l'audacieuse proposition de l'auteur qui, constatant que le travail au noir a sans doute constitué l'amortisseur grâce auquel les réductions massives d'emplois se sont déroulées sans drames excessifs, propose de le blanchir en distribuant dans les débits de tabac à un tarif forfaitaire et modeste une vignette de la Sécurité sociale qui couvrirait son activité.

La vignette du rentier, en somme...

1. Alain Minc, *Français, si vous osiez...*, Grasset, 1991.

D'AUTANT PLUS DURE
SERA LA CHUTE...

« Il faut savoir quitter la scène et partir sans se retourner, sans s'accrocher aux branches et se draper des oripeaux d'une gloire défunte comme dans un vieux rideau de théâtre usé. »

Ancien président d'une entreprise
mondialement connue
qui tient à conserver l'anonymat

« L'encadrement, à tous les niveaux, à commencer par le sommet, doit publiquement renoncer à la moitié au moins des congés auxquels il a droit. Le fait que beaucoup de cadres ne prennent pas la totalité des congés qui leur reviennent n'est pas l'essentiel. Ils doivent être vus au travail pendant des périodes où des congés leur avaient été attribués. Le but recherché n'est pas d'aller vers des normes aussi extrêmes que celles des Japonais ou des Coréens, mais vers la norme intermédiaire des Américains qui considèrent, en général, qu'une quinzaine de jours est un maximum acceptable... Les cadres devraient être, et être vus, sur les lieux de travail au moins de 8 heures à 18 heures ; de plus, les horaires de travail des cadres devraient comporter au moins une demi-journée le samedi... Les arguments à propos du " temps à consacrer à la famille " ne sont pas valables ; on peut encore lui consacrer un très bon samedi après-midi et le dimanche... La journée de travail de 10 heures devrait avoir, autant que possible, le travail pour objectif et ne pas être interrompue par un déjeuner excessivement long. La norme devrait se situer entre une demi-heure et quarante-cinq minutes. »

Tels sont, pour J. P. Lehmann, directeur associé du Centre pour la recherche industrielle japonaise et comparative au Collège impérial et professeur visitant à l'INSEAD, « les dix commandements des cadres de l'an 2000 ». Les dix commandements qui permettront à la France d'augmenter sa compétitivité et de gagner la guerre économique mondiale. Une guerre qui, comme toutes les autres, alignera toutefois ses victimes.

Qui t'a fait roi ?

Hier en effet, au lendemain du premier choc pétrolier, les restructurations et les dégraissages affectaient rarement les cadres qui semblaient jouir d'une espèce de sécurité de l'emploi attachée à leur statut. Aujourd'hui, cette immunité est révolue. Et les mouvements de rapprochements, fusions, acquisitions et autres OPA accentuent la précarité de ceux qui occupent un poste stratégique. Rien de plus banal aujourd'hui que le « départ » d'un cadre, les dirigeants ayant constaté que « nul n'est irremplaçable » et « que les cimetières sont remplis de gens indispensables ». Désormais, un manager peut être remercié du jour au lendemain sans ménagement, à tel point que dès son numéro 2, *Capital*, un nouveau magazine économique destiné aux cadres, avertissait les P-DG et les directeurs généraux qu'ils n'avaient pas droit aux Assedic en cas de licenciement !

Le sujet est effectivement d'importance. « De nombreux cadres, écrit Hubert Flichy, avocat à la Cour, expert en droit social, sont un jour promus président ou directeur général de leur entreprise, c'est-à-dire " mandataire social ". Ils sont en général ravis, et ne se préoccupent pas du fait que leur situation juridique a changé. Le salarié, lui, est en effet protégé par le Code du travail, s'il est congédié. Il reçoit des indemnités de préavis et de licenciement et, éventuellement, des dommages et intérêts si la mesure est abusive. Il bénéficie ensuite de l'assurance-chômage. Le P-DG et le DG, en revanche, sont mandataires sociaux et donc révocables *ad nutum*. La loi en a décidé ainsi : les actionnaires de l'entreprise peuvent, à tout moment, démettre ceux qu'ils ont fait rois, sans indemnités ni préavis, les Assedic refusant alors de les prendre en charge. »

Mort au champ d'honneur

Même s'ils n'osent pas encore défiler dans les rues comme les transporteurs routiers ou les infirmières, les cadres sont donc désormais en première ligne dans les plans de restructuration. En 1991, ils étaient 132 000 à être au chômage. Une hausse de 30 % par rapport à 1990. « Garder son job est devenu un job en soi », annonce le magazine américain *Fortune.* « Je reçois des CV d'HEC de 30 ans. Ils ne sont pas forcément licenciés mais se sentent menacés à brève échéance. Cela aurait été inimaginable il y a à peine un an », constate Jean-François Petit-Archambault, directeur d'un cabinet de conseil en ressources humaines.

Dans les salles de change, dans les bureaux des traders, la tension nerveuse est telle que les jeunes loups finissent par perdre leurs dents. Ils s'usent, fatiguent et naviguent au bord du stress, de l'alcoolisme ou du *karoshi*, une défaillance cardiaque liée à l'excès de travail qui a tué 600 hommes d'une quarantaine d'années au Japon en 1989.

Une défaillance qui menace tous ceux qui doivent jongler entre les figures imposées et les fantaisies de la multi-activité, tous ceux qui sont couverts d'eczéma les jours d'examen du budget, se bourrent de vitamine C le matin et de Temesta le soir, fument de plus en plus, se réveillent la nuit en réalisant l'erreur qu'ils ont commise dans la journée, pestent contre la mauvaise organisation des entreprises qui les oblige à repasser sans cesse les mêmes directives, trouvent normal de ne pas déjeuner, de se vider les tripes pour devenir un *leader*, aiment être reconnus par les hochets et les légions d'honneur que Napoléon accordait à ses grognards et finissent par boire pour tout oublier.

Une maladie qui se développe, comme l'atteste le « succès » du Haut Comité d'études et d'information sur l'alcoolisme, assailli de demandes de stratégie préventive de la part des entreprises qui s'inquiètent des ravages de ce nouveau fléau qu'ils ont, pour une grande part, provoqué, comme Gilbert Trigano, patron du Club Méditerranée, qui pousse le cynisme ou la stupidité à avouer : « Je crois qu'il faut vivre dans la pression permanente et je fais tout pour que mes collaborateurs et collaboratrices vivent comme cela, dans la crainte et dans l'angoisse, pour qu'on ne s'endorme pas. »

Plus beau, plus grand, plus fort, plus ambitieux, perfection, exigence envers soi-même et envers le client, qualité totale, zéro défaut, action, tels sont les poncifs qu'énumèrent aujourd'hui les discours des managers. Flux continu, utilisation des synergies, communication, flexibilité, amélioration des interfaces, argumentation logico-rationnelle, *compatibility with culture*, tel est le nouveau jargon qu'utilisent les consultants pour mieux facturer leurs services (coûteux) aux entreprises en quête de culture. Etre *leader* européen des couches culottes, offrir le meilleur service client, agir et gagner ensemble, bâtir de nouvelles cathédrales, telles sont les nouvelles contributions décisives de l'entreprise à l'histoire de l'humanité.

Pour en mesurer le ridicule, il suffit d'ouvrir les pages emplois des grands quotidiens. Elles sont encombrées d'offres émanant d'entreprises « leaders sur leur marché » à un point tel qu'on se demande où se nichent les seconds ! « Directeur Développement Loisirs, groupe au tout premier plan mondial dans le domaine de la restauration et des services. » « Responsable du bureau d'études mécaniques, entreprise “ leader ” en France. » « Directeur de chantiers pour une entreprise mondialement connue, “ leader sur son marché ”. » « Membre de la Direction générale, votre punch sera un plus dans notre processus de modernisation et votre doigté fera de vous un interlocuteur unanimement apprécié. »

Punch et doigté, telle est l'exigence qui, à brève échéance, va prématurément casser les jeunes loups et les contraindre à troquer leur BMW contre des R 5. Ayant pratiqué la mobilité ascensionnelle, c'est-à-dire ayant changé régulièrement d'emploi pour augmenter sans cesse leur salaire loin des grilles normales de l'entreprise, c'est précisément aux alentours de la quarantaine qu'ils atteignent la limite de cette course en avant. Rares sont ceux qui peuvent alors se maintenir face aux plus jeunes. Extraordinairement vulnérables, ces ténors autrefois adulés acceptent mal de retrouver l'anonymat des chorales de quartier.

Pour quelques itinéraires qui se terminent bien, on en compte beaucoup qui se concluent par un suicide, comme celui d'un technicien d'IBM qui s'est donné la mort parce qu'il estimait que la Compagnie « l'avait eu », ou une dégringolade comme celle qu'a vécue Noémie, responsable de la gestion financière dans la filiale française d'une multinationale : « Moi qui adorais cette structure, ce clan, je vivais beaucoup pour l'entreprise... et là j'arrivais le matin ou même le soir à traîner un maximum de façon à me réveiller tard et puis y aller vraiment à reculons. C'était arrivé à un point... ça devenait physique, rien que l'idée d'aller au travail, c'était des crises de larmes, je me mettais à pleurer.

« Le jour où ça a vraiment basculé, c'était assez dramatique dans la mesure où on m'a toujours vue très vive, très solide, très debout, et ce jour-là, je me suis physiquement écroulée. Je me rappelle très bien, j'étais dans mon bureau, et puis je me suis écroulée, je suis rentrée, j'ai posé mon sac, c'était la crise de larmes, je sentais... c'était pire que si j'avais quelqu'un de mort devant moi... mais quelqu'un de cher qui était mort... j'étais incapable de m'arrêter. Puis là, c'est toute mon image de marque qui s'est cassée... c'est comme si je prends quelqu'un qui est debout et puis que je le casse » (témoignage extrait de l'ouvrage de Nicole Aubert et Vincent de Gaulejac, *Le Coût de l'excellence*, Le Seuil, 1991).

« Il va falloir que les cadres apprennent donc à faire comme les vedettes du show business, résume ironiquement un chasseur de têtes. Puisque leurs carrières d'exception ne sont pas faites pour durer, ils devront acheter des laveries automatiques pour plus tard. »

Car une fois « débarqués », ces jeunes loups se retrouvent comme de frêles agneaux sur un marché du travail particulièrement déprimé. D'autant plus que les chômeurs ne sont pas spécialement prisés par les recruteurs. « Quand je vois une candidature d'un cadre licencié, je ne peux m'empêcher de penser : " Pourquoi lui ? " avoue l'un d'entre eux. S'il était vraiment performant, sa boîte s'en serait-elle débarrassée ? »

Et comme la mode est au cash, à l'abaissement des points morts, à la réduction des coûts pour préserver les marges, c'est du côté des « indirects » que les entreprises vont chercher du grain à moudre, du côté de la communication, des ressources humaines et aussi de l'informatique. Et c'est d'autant plus facile que dans les années 1980, elles ont recruté à tour de bras et à des salaires élevés des fonctionnels dont la contribution à la valeur ajoutée n'est pas évidente.

Aux Etats-Unis, où l'on ne fait pas de sentiment, plus d'un chômeur sur dix est un cadre. « Nous n'avons pas besoin de gens qui vont à des réunions et se passent des mémos les uns aux autres », affirme le porte-parole de la compagnie américaine ATT. Chez IBM, la fouille des gisements de productivité a permis de réduire d'un tiers les échelons d'encadrement. Allied Signals a annoncé en octobre 1991 la suppression de 8 000 emplois, y compris les postes de cadres dans toute l'organisation. Chez Thomson-CSF, 111 ingénieurs et cadres vont partir.

Autant de signaux de nature à conforter dans leur choix les jeunes rentiers.

Les dix signaux d'alarme

1. La secrétaire de votre patron décommande les rendez-vous qu'il vous avait fixés sous les prétextes les plus divers.
2. Le directeur des ressources humaines semble fuir la main que vous lui tendez.
3. Certains collègues sont moins disponibles pour aller déjeuner avec vous.
4. Un hasard malencontreux vous a fait oublier dans la liste des destinataires d'une note essentielle.
5. On vous demande de décrire votre poste dans l'organigramme.
6. Vous ne participez pas au prochain séminaire de Deauville.
7. On vous demande d'accueillir et de former un jeune stagiaire dont le profil ressemble étrangement au vôtre.
8. On vous demande de partager votre secrétaire avec un jeune collègue.
9. On rogne votre prime de fin d'année en prétextant le mauvais état de la conjoncture.
10. A la faveur d'un déménagement, vous héritez d'un bureau plus petit.

Gare au fisc

D'autant plus qu'une autre menace pèse sur les cadres, une menace que risque d'accélérer le marché unique européen, l'alourdissement de la fiscalité directe. Contrairement en effet à une légende fort répandue qu'alimentent certains best-sellers, les gros revenus en France ne sont pas écrasés par le fisc. Et pour l'avoir rappelé en gros titre, *L'Expansion* s'est vue traitée de magazine gauchiste par un grand nombre de ses lecteurs. Bien à tort car, sur ce terrain, les faits sont particulièrement têtus.

Un couple de Français avec deux enfants percevant 500 000 F de revenus nets par an verse en effet au fisc 17,1 % de ses revenus alors que le couple allemand en verse 24,4 %, le britannique 30,3 %, le belge 43,2 % et le soi-disant privilégié américain 20,3 % ! Seuls ceux qui gagnent 2 millions par an peuvent se plaindre. Le fisc prélève en effet 45,1 % de leurs revenus nets, alors qu'en Allemagne, il ne leur prendrait que 44,6 % et aux Etats-Unis, 27,6 %.

Mais ces fameux 56,8 % qui constitueraient le « taux marginal supérieur d'imposition » ? Illusion, encore. Ce taux ne s'applique pas, comme certains esprits malhonnêtes voudraient le faire croire, à l'ensemble des revenus mais seulement à la dernière tranche.

Encore faut-il ajouter les délices des multiples abattements, 10 % puis 20 %, le quotient familial, la détaxation du revenu en actions, les frais de garde des enfants, les intérêts d'emprunts... toutes mesures qui font de notre pays un véritable paradis fiscal, 49 contribuables ayant ainsi réussi à ne pas payer d'impôts en dépit d'un revenu imposable supérieur à 500 000 F.

C'est ainsi que les 10 % des foyers les plus aisés ne versent que 16 % de leurs revenus au fisc, soit le chiffre le plus faible après les Etats-Unis. Avouez qu'il serait tentant pour un gouvernement se réclamant de l'Europe d'aligner ce pourcentage sur celui de ses partenaires.

Impôt prélevé sur le revenu des 10 % de foyers les plus aisés

Belgique	41 %
Suède	39 %
Danemark	33 %
Allemagne	32 %
Italie	27 %
Pays-Bas	26 %
Canada	25 %
Royaume-Uni	25 %
Espagne	24 %
Grèce	22 %
France	16 %
Etats-Unis	15 %

Même si on ajoute à l'impôt sur le revenu les cotisations sociales, qui sont, en France, très élevées (20 % en moyenne), le prélèvement total n'est pas de nature à nous faire crier au vol.

Prélèvements opérés sur le revenu annuel brut des cadres dirigeants mariés ayant deux enfants (taux de cotisation + taux d'imposition)

Belgique	53 %
Pays-Bas	51 %
Allemagne	46 %
Espagne	42,2 %
Suède	41,1 %
Italie	40,4 %
France	36,2 %
Etats-Unis	32,9 %

Enquête Capital-France-Info
Capital, mars 1992

Il faut savoir aussi que l'impôt sur la fortune ne frappe en fait qu'un peu plus de 140 000 foyers et que cet impôt n'occupe qu'une place très faible dans les recettes fiscales.

Impôt sur le patrimoine
(% des recettes fiscales)

Pays-Bas	0,49 %
Danemark	0,48 %
Espagne	0,37 %
France	0,3 %
Luxembourg	0,25 %
Allemagne	0,24 %

Il faut faire payer les pauvres...

L'autre solution pour aligner la fiscalité française sur la fiscalité européenne, la plus juste et la plus efficace, serait en fait de faire payer les pauvres. Là encore, en effet, la France se distingue de ses partenaires puisqu'*une déclaration sur deux* entraîne dans notre pays un avis de non-imposition. En 1987, la moitié des Français n'ont ainsi versé que 4 % du produit total de l'impôt sur le revenu contre 9 % en Allemagne et 11 % au Royaume-Uni. Faut-il alors taxer davantage les pauvres, même modestement, pour faire contribuer de manière civique tous les ménages au budget de l'Etat ? On imagine mal un gouvernement prendre une mesure électoralement aussi suicidaire...

Reste alors à supprimer une foule de petits avantages et à faire payer davantage... les riches sous couvert d'harmonisation européenne, à instaurer le prélèvement à la source, ce qui entraînerait la suppression de milliers d'emplois de fonctionnaires du fisc ou, peut-être, à ne rien changer, une mesure conforme en fait au génie français.

L'avenir n'est donc pas rose pour ceux qui s'acharnent à travailler alors qu'ils pourraient devenir rentiers et dégager du temps et de l'argent pour mieux vivre. Ils courent le risque de mal vieillir et d'achever de manière pitoyable une carrière qu'un retrait précoce aurait laissée sans tache.

Il suffit pour s'en convaincre de recenser les échecs de ces anciennes stars des affaires qui, comme Pierre Moussa, Georges Pébereau, Alain Chevalier, Bernard Pagezy ou Jean-Maxime

Lévêque, ont voulu obstinément rester sur scène au lieu de cultiver leur jardin. Alors qu'ils avaient incarné les riches heures de Paribas, de la Compagnie générale d'électricité, de LVMH, de la Compagnie du Midi ou du Crédit lyonnais, ils finissent dans le pâle anonymat de Marceau Investissements, de Maurel Prom ou d'une petite holding financière basée aux Antilles néerlandaises et démontrent, s'il en était besoin, qu'il est difficile d'être et d'avoir été.

Au lieu de vouloir rester sur les marches du podium et de croire que leur génération est inoxydable, ces vieux héros auraient mieux fait de prendre une retraite méritée.

Certes, devenir rentier n'est pas chose facile pour des dirigeants qui, le plus souvent, ont sacrifié leur vie privée à leur vie professionnelle et qui, souvent, se livrent à de pathétiques batailles pour conserver les oripeaux de leur gloire passée. Dans les « allées des momies » où certaines entreprises les rassemblent, comme au Japon, on les voit négocier le mieux situé des bureaux ou la voiture la plus prestigieuse quand ce n'est pas le bénéfice gratuit du vaccin antigrippe réservé aux salariés !

Pour éviter ces fins tragiques, mieux vaut, comme s'y préparent nos futurs et jeunes rentiers, devenir à la quarantaine le pivot d'une famille enfin épanouie où l'apprentissage du temps libre et l'exercice de nouvelles passions seront les plus épanouissantes des activités.

MERCI-BÉRÉ [1]

1. Nom du voilier de Jacques Séguéla immatriculé à Pointe-à-Pitre baptisé *Merci-Béré* pour honorer la loi qui permet aux riches plaisanciers de se faire offrir un bateau par le fisc.

Il y a trois ans, en vous conseillant de devenir rentiers, je ne vous avais pas promis la lune, mais seulement 7 à 8 %, 7 à 8 % de revenu minimum garanti pour tous ceux qui auraient décidé de s'enrichir en dormant et de mieux vivre les trente années qui, en moyenne, leur restaient à vivre.

A tous les Français qui s'usaient en travaillant alors qu'ils disposaient d'un patrimoine suffisant, j'avais alors conseillé de le réaliser et de le convertir en priorité en Sicav court terme qui offrent les avantages d'une rémunération élevée dans des conditions optimales de sécurité et de disponibilité. Créées en septembre 1981 pour riposter à la décision de Jacques Delors de réglementer les dépôts placés sur les comptes à terme, ces Sicav court terme appelées aussi « de trésorerie » ou « monétaires » sont rapidement devenues la coqueluche des Français. Surtout à partir du moment où, le 31 janvier 1984, le Crédit agricole décida d'abaisser le prix de la part de sa Sicav Univar à 100 F, alors qu'avant cette date, le ticket d'entrée s'élevait souvent à 50 000 F. Ne pouvant perdre en capital dans la mesure où elles ne possèdent dans leur portefeuille que des titres de créances remboursables sur une très courte durée ou des emprunts à plus long terme pris en « pension », leur valeur progresse chaque jour sans à-coups, régulièrement, à la façon d'un compteur de taxi.

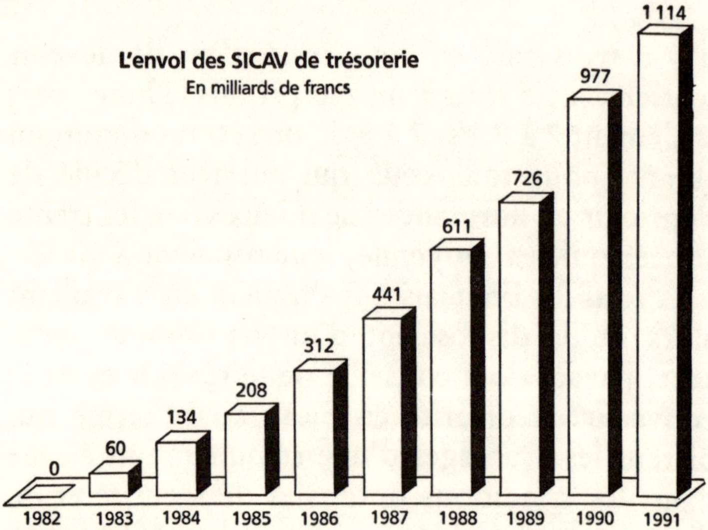

Source : EUROPERFORMANCE

Particulièrement appréciés par les jeunes, les 1 100 milliards rassemblés aujourd'hui par ces Sicav étant détenus pour 30 % par des Français de moins de 35 ans, et pour 62 % par des Français de moins de 50 ans, ces placements sans risques auraient offert de 9 à 10 % de revenu annuel non imposable depuis trois ans alors que la croissance des salaires depuis cette date n'a pas dépassé 3 % et que la ponction fiscale s'est « enrichie » de la CSG, de la taxe départementale sur le revenu, de l'alourdissement de la cotisation maladie et de quelques hausses de TVA, sur les tarifs EDF par exemple... De quoi convaincre les agents économiques dont la motivation principale doit être la recherche de l'intérêt individuel.

J'avais aussi, en prenant des risques mesurés, avancé l'hypothèse que l'inflation se maintiendrait à des niveaux modestes et laisserait des taux d'intérêt réels supérieurs à 5 %. L'avenir ne m'a pas donné tort. Sur les trois dernières années en effet, les Sicav court terme ont gagné en moyenne 9 % par an, malgré les secousses du marché boursier et la guerre du Golfe ; soit, surtout, 6 % de hausse réelle, l'inflation n'ayant pas dépassé 3 % par an.

Comme le constate Alain Cotta, cette augmentation du taux d'intérêt réel, pour être un phénomène extraordinairement discret, n'en constitue pas moins l'événement fondamental de cette dernière décennie et même du siècle. « La rente, écrit-il, qui avait disparu sous les coups coordonnés du keynésianisme, de la Seconde Guerre mondiale et d'un système de valeurs qui voulait toute la place pour le travail, a réapparu. Selon les nations, sa part dans le produit national a bondi d'un niveau presque nul à la fin de la guerre pour atteindre aujourd'hui près de 10 %.

« L'économie à deux revenus, salaires et profits, a vécu. Nous revoilà au début du XIXe siècle avec trois revenus principaux, à la différence près que la rente mobilière a remplacé la rente immobilière. Les rentiers sont donc, eux aussi, de retour avec leur détachement à l'égard du social mais aussi l'envie qu'ils suscitent auprès de ceux qui n'ont aucun autre moyen d'existence que leur travail. Rentiers qui ne sauraient avoir le même mode de vie que durant l'entre-deux-guerres tant ils sont devenus nombreux. Mais rentiers heureux tout de même de doubler, au taux d'intérêt réel de 6 %, le pouvoir d'achat de leur fortune en quelque douze ans, donc de le quadrupler en une génération. Tel est bien le contraste essentiel des sociétés développées entre le début et la fin de la décennie : la substitution rapide d'une économie de créanciers à une économie de débiteurs.

« Heureux, à la fin des années 70, l'individu qui avait des dettes !

« Malheur à lui, aujourd'hui, alors que les créanciers béats considèrent avec une très grande attention la vitesse à laquelle croît leur trésor, c'est-à-dire leur taux d'intérêt » (« Profession rentier », *Epargne et Finance*, n° 5, 1991).

J'avais aussi pronostiqué qu'hypnotisés par le fétichisme monétaire et obsédés par le souci de ne pas contrarier les possédants, les socialistes au gouvernement n'oseraient pas s'attaquer aux revenus du capital et qu'ils favoriseraient même la richesse acquise au détriment du travail salarié.

Les trois années écoulées ne m'ont pas donné tort non plus.

Même si la gauche a remis en vigueur en 1989 l'impôt sur les grandes fortunes rebaptisé impôt de solidarité sur les grandes fortunes, elle s'est beaucoup moins vantée d'avoir accordé de gros avantages aux revenus de l'épargne, en autorisant par exemple la création de Sicav de capitalisation qui permettent de réduire considérablement le prélèvement fiscal sur les valeurs mobilières.

Le racket de l'Ecureuil

Quelques mois seulement après la publication de *La France travaille trop*, les conseils un peu complexes que je prodiguais aux futurs rentiers pour éviter la fiscalité pesant sur les coupons distribués par les Sicav court terme étaient caducs. Aujourd'hui, la procédure est éminemment simplifiée et permet de s'enrichir en dormant mieux encore.

Pour prendre un exemple, imaginons que Pierre, détenteur d'un patrimoine alors estimé à 3 millions de francs, ait souscrit en 1989 des Sicav *Midland court terme* comme je le lui avais conseillé à l'époque. Il aurait alors depuis trois ans bénéficié en dormant de revenus annuels de près de 290 000 F, sans frais et sans impôts, soit un peu moins que ce qu'il perçoit en s'usant au travail (au cours des trois dernières années, la valorisation de *Midland court terme* a été de 29,52 %).

C'est encore plus exemplaire pour Michel, notre universitaire qui multiplie les navettes entre Paris et Clermont-Ferrand pour 17 198 F nets mensuels. En vendant sa maison de Saint-Mandé qui vaut 2,5 millions de francs et en plaçant cette somme dans une des Sicav des Banques populaires — la banque des enseignants —, il aurait disposé d'un revenu mensuel non imposé de 18 000 F, *supérieur à celui de son travail.*

Comme il faut le rappeler en effet, tant que le montant des cessions de valeurs mobilières n'excède pas 316 900 F (pour 1991), le revenu de ces placements est exonéré de toute imposition. Pour être encore plus clair : un rentier disposant d'un capital de 3 millions de francs le place en début d'année en parts de Sicav court terme. A la fin de l'année, son capital sera d'environ 3 260 000 F. Il vend alors pour 260 000 F de parts et échappe à toute imposition. De quoi dénoncer le formidable racket auquel se livrent les livrets A des Caisses d'Epargne ou les Codevi qui offrent une rémunération de l'épargne inférieure de près de moitié à celle de la plus quelconque des Sicav de trésorerie, la plus mal placée de ces Sicav à sommeil tranquille ayant enregistré 28 % de hausse sur trois ans !

Palmarès des Sicav de trésorerie depuis trois ans[1]

BFT Sécurité I	33,22 %
Saga court terme (Banque Saga)	33,21 %
Centrale monétaire	33,19 %
Placement M	33,05 %
BFT Sécurité 2	32,97 %
JJ Placement	32,79 %
Mobiterme	32,74 %
Cosmos obligations	32,73 %
CPR Cash	32,72 %
Finance Stés	32,70 %

1. Court terme monétaire, sensibles et régulières confondues.

Autant dire qu'il suffit à notre rentier de vendre régulièrement les parts de Sicav qu'il a souscrites pour se garantir un revenu sans risques, sans imposition et aussi disponible qu'un dépôt sur un compte courant bancaire.

S'il avait choisi les meilleures des Sicav obligataires, il aurait aussi enregistré des revenus annuels de plus de 9 % en bénéficiant, en prime, d'une année 1991 exceptionnelle.

Palmarès des Sicav obligataires françaises et étrangères (en 1991)

Indosuez OAT	Indosuez	17,66 %
Mondoblig	BGP SIB	17,06 %
Paribas Capitalisation	Paribas	16,84 %
OAT Plus	CPR	16,56 %
Epargne Assurances	Paribas	16,39 %
MDM Long terme	Mutuelles du Mans	16,35 %
Obli-Associations	Paribas	16,30 %
BIP OAT index	BIP	15,97 %
Fimindex Première	Fimagest	15,87 %
Paribas Revenus Sicav	Paribas	15,60 %

Gérés dans une optique de long terme, ces placements devraient même prendre, dans les prochaines années, l'ascendant sur les autres.

Si Pierre avait suivi les conseils que je lui donnais, il aurait ainsi disposé en 1991 d'environ 450 000 F de revenus annuels sur lesquels il aurait prélevé 316 900 F pour vivre sans être imposé et épargné en prime 133 000 F pour valoriser son patrimoine de près de 4,5 % et le protéger ainsi de l'inflation. De quoi le persuader que l'homme n'est pas fait pour le travail et que sa pente naturelle, qu'il ne faut surtout pas contrarier, est d'en faire le moins possible.

Les charmes de l'assurance-vie

Pour les Français anxieux, j'avais aussi conseillé les charmes de l'assurance-vie qui offrent trois atouts fort appréciables. Premier atout : les sommes versées et les intérêts capitalisés restent acquis une fois pour toutes, quelle que soit l'évolution des marchés financiers et immobiliers. A la souscription, notre jeune rentier aura donc la certitude que son épargne sera rémunérée au taux fixé. Deuxième atout : les plus-values sont exonérées d'impôt lorsque le contrat a plus de huit ans. Troisième atout, enfin, le capital est transmissible à ses héritiers sans droits de succession. A cet égard, le compte à versements et retraits libres Afer, présenté par

Abeille-vie et classé régulièrement comme le meilleur de sa catégorie, aurait permis au jeune rentier de bénéficier d'une valorisation réelle de son patrimoine de 133,05 % en dix ans, une performance acquise en toute sérénité.

Comparaison entre la croissance cumulée d'AFER et celle de l'inflation sur 10 ans

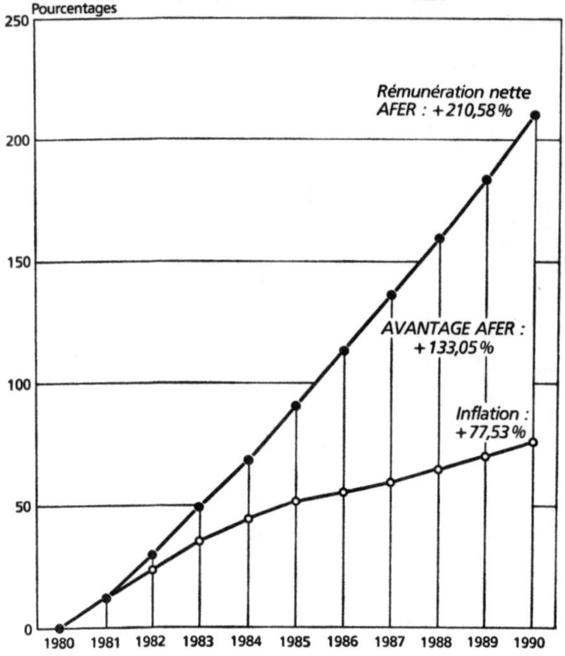

Autant dire que le montage financier que j'avais échafaudé pour notre jeune rentier est encore plus attractif que je l'avais imaginé. En investissant la moitié de son capital dans un contrat d'assurance-vie et l'autre moitié dans une Sicav court terme, il bénéficierait d'un revenu annuel de 8 % tout en faisant fructifier sans

Montage financier pour Pierre, détenteur d'un patrimoine financier de 3 millions de francs

1 500 000 placés en Sicav court terme				1 500 000 placés sur un contrat d'assurance-vie
Années	Capital en début d'année	Revenus à 8 %	Capital consommé	
1	1 500 000	120 000	120 000	
2	1 380 000	110 400	130 000	
3	1 250 000	100 000	140 000	
4	1 110 000	88 800	150 000	
5	960 000	76 800	160 000	
6	800 000	64 000	170 000	
7	630 000	50 400	185 000	
8	445 000	43 600	190 000	
9	255 000	28 400	210 000	
10	45 000			3 540 000[1]

1. Ce montant est une hypothèse fondée sur les performances passées d'Abeille-Assurances qui compte 215 000 adhérents et gère plus de 33 milliards de francs.

risques un patrimoine qui, dix ans plus tard, permettrait de réamorcer la pompe.

En 2002, dix ans après avoir goûté les plaisirs de l'enrichissement en dormant et avoir joui d'un revenu mensuel non imposable de 20 000 F par mois, notre jeune rentier se retrouverait donc avec un capital revalorisé de plus de 3,5 millions de francs à consommer de nouveau pour une oisiveté dorée.

Destinée à encourager l'épargne à long terme, l'assurance-vie est aussi pour les contribuables imposés à l'impôt de solidarité sur la fortune un excellent moyen de mieux s'enrichir encore en dormant. La loi veut en effet que l'ISF soit plafonné de façon que la somme de son montant et de celui de l'impôt sur le revenu ne dépasse pas 85 % du revenu imposable. L'astuce consiste donc à atteindre ce plafond en minorant son revenu.

L'assurance-vie est le meilleur moyen d'y parvenir. En effet, lors des retraits anticipés, seule la partie du retrait correspondant aux intérêts et plus-values acquis est considérée comme un revenu imposable, mais pas le capital retiré.

Imaginons le cas exemplaire d'un Français richissime disposant d'un patrimoine de 100 millions de francs et qui le placerait en totalité sur un contrat d'assurance-vie dont les performances sont en moyenne de 10 % l'an.

Au taux de l'ISF, ce Français supporterait 1,2 million d'impôts. Si, au cours de la première année, il retire 2,5 millions de francs de son contrat d'assurance-vie pour subvenir à ses énormes besoins de rentier, seuls 250 000 F, soit les 10 % de performance du contrat sur la première année, seront considérés comme des revenus imposables. Ce retrait effectué moins de quatre années après l'ouverture du contrat supportera un impôt au taux de 38,1 %, donc 95 000 F. Mais comme ces 250 000 F constitueront le seul revenu imposable de ce Français qui n'aura aucun intérêt à s'user en travaillant, la somme de l'impôt qu'il supporte à ce titre et de son ISF ne devra pas dépasser 85 % de ce montant, soit 210 000 F. Ayant déjà acquitté 95 000 F d'impôt sur le revenu, l'ISF ne sera plus alors que de 115 000 F et non de 1,2 million de francs... Intérêt qui se cumule avec l'exonération des droits de succession. Merci, Béré !

Les noisettes de la Bourse

Au lendemain du krach boursier d'octobre 1987, j'avais également conseillé au jeune rentier de ne pas considérer la Bourse comme un lieu de mauvaise vie ou un temple de l'illusion où se pratiquent les holocaustes financiers et se dévoient les honnêtes gens.

Au lendemain de la guerre du Golfe qui, une nouvelle fois, a déprimé les marchés boursiers, je maintiens qu'il ne faut pas se laisser impressionner par ceux qui prédisent les pires catastrophes. En longue durée en effet, *la Bourse est toujours gagnante.*

En adoptant le même principe de calcul pour tous les marchés, celui d'un investisseur plaçant 100 F en début de période et réinvestissant chaque trimestre tous ses revenus de capital (intérêt et dividendes) ainsi que les plus ou moins-values dégagées, plus la durée de l'investissement s'allonge, plus la supériorité de la Bourse est manifeste.

Comme l'indique en effet le graphique ci-dessous, la performance du marché des actions mesurée sur quarante ans est bien supérieure à celle des deux autres marchés monétaire et obligataire. Un investissement de 100 F en 1950 sur le marché des actions aurait rapporté 22 600 F en 1990. En francs constants, cette performance se réduit à 1 850 F, ce qui aurait assuré un gain annuel réel (c'est-à-dire hors inflation) de près de 7,5 % par an.

Toujours mesurée en francs constants, la performance du marché monétaire sur l'ensemble de la période n'est que de 0,8 % tandis que celle du marché obligataire est de 1,7 %.

Performance comparée des marchés

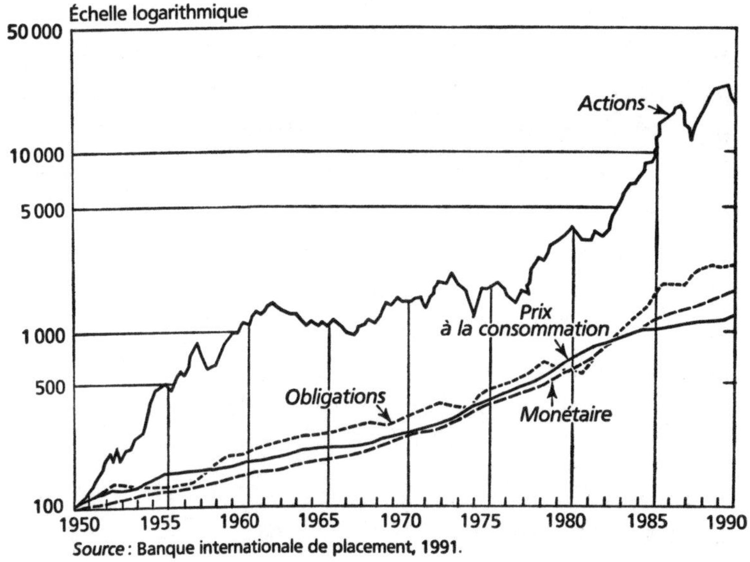

Source : Banque internationale de placement, 1991.

Il faut aussi souligner que quelles que soient les durées de placement étudiées (cinq, dix ou vingt ans) la performance du marché boursier est toujours supérieure en moyenne à celle des deux autres marchés et qu'elle a aussi toujours été supérieure à l'évolution de l'indice des prix à la consommation. De quoi réconforter ceux qui souhaitent gagner de l'argent en toute tranquillité.

Autre enseignement : en période de croissance économique ralentie et/ou d'inflation soutenue, la sous-performance du marché des actions reste limitée alors que la sur-performance est forte dans les périodes les plus favorables.

Une évolution séculaire qui amène des sociétés aussi renommées que Cortal, l'Epargne de France, Robeco ou les Banques populaires à proposer d'engranger sans risques les noisettes de la Bourse sur neuf ans puisque, comme le constatent les analystes financiers, depuis 1917, la Bourse de Paris n'a jamais connu de recul sur une période de neuf ans, durée sur laquelle portent les nouveaux contrats sécurité actions offerts aux jeunes rentiers.

C'est ainsi que Cardif, filiale de la Compagnie bancaire, garantit la « Bourse à sens unique » en offrant un contrat d'assurance-vie indexé sur un Fonds commun de placement dont la constitution garantit de percevoir au 31 décembre 1999 90 % du rapport entre la valeur maximum de l'indice CAC 40 atteint sur les huit prochaines années et sa valeur au 31 décembre 1991, tout en bénéficiant des avantages de l'assurance-vie : exonération totale d'impôts après huit ans et exonération des droits de succession, dans la plupart des cas.

Pour apprécier les avantages de ce placement, il suffit d'imaginer que ce contrat ait existé en 1983. Que se serait-il passé pendant ces huit dernières années où la Bourse a été affectée par deux forts reculs en 1987 et 1990 ?

Évolution du CAC 40[1] de 1983 à 1990

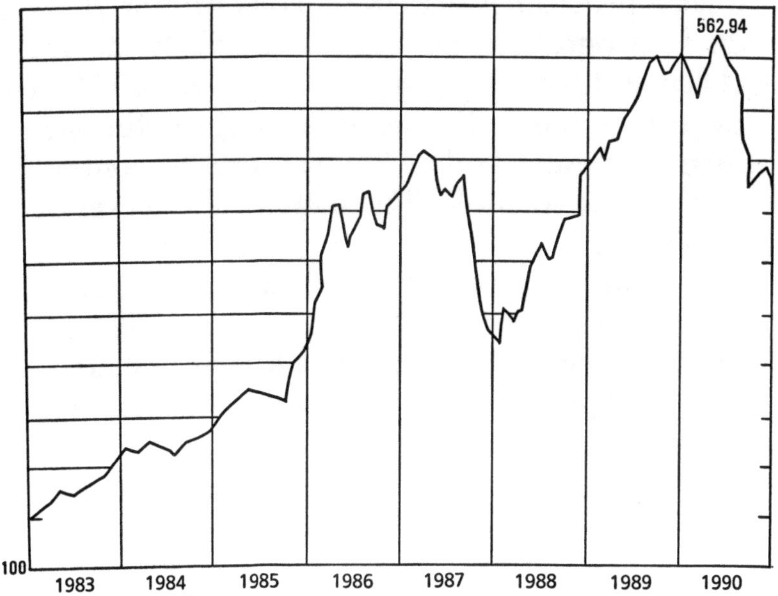

Source : CORTAL, 1991.

1. Rappelons que le CAC 40 est un indice qui permet de suivre l'évolution des cours des principales actions cotées à la Bourse de Paris.

Le rentier avisé qui aurait placé 1 million de francs le 31 décembre 1982 aurait touché 5 066 650 F le 31 décembre 1990, *5 fois sa mise de départ sur 8 ans.* En effet, le niveau le plus élevé du CAC 40 ayant été atteint le 25 mai 1990 avec l'indice 562,94 pour une base 100 au 31 décembre 1982, notre rentier aurait obtenu 90 % de l'indice 562,94, soit 506,65.

C'est la Banque populaire, la bien nommée, qui, de son côté, vous garantit de participer à la hausse annuelle de la Bourse française sur les quatre prochaines années en vous offrant 70 % de la progression de l'indice CAC 40 durant chacune des trois premières années et 100 % la quatrième année, chaque hausse étant définitivement acquise à la date anniversaire du contrat, quelles que soient les fluctuations ultérieures de la Bourse.

De quoi dormir profondément, comme y invitent aussi les performances des meilleures Sicav actions qui, malgré deux krachs boursiers, enregistrent des performances conformes aux leçons de l'histoire.

Performances depuis cinq ans

France GAN	90 %
Ameri GAN	69,2 %
Panamérique	57,1 %
France Amérique Index	52,1 %
Via investissements	50 %
UAP Actions France	49,5 %

Il faut enfin rappeler le vieil adage qui consiste à acheter au son du canon et revendre à celui du violon. C'est ainsi qu'un rentier qui aurait fait son marché en pleine guerre du Golfe aurait engrangé en fin d'année 1991 une confortable plus-value.

S'il avait tranquillement choisi des Sicav actions, il aurait pu empocher de 20 % à 30 % de plus-value.

Palmarès 1991 des Sicav actions

Nouveau Monde	BGP SIB	Etats-Unis	39,09 %
Quantamerica	Paribas	Etats-Unis	34,38 %
Ameri GAN	GAN	Etats-Unis	34,19 %
Laffitte Amérique	Barclay's	Etats-Unis	26,92 %
Panamérique Sicav	Paribas	Etats-Unis	24,78 %
Atlas Valeurs	Finac. Atlas	International	24,29 %
Optimavalor	Crédit du Nord	France	20,90 %
Soleil Investissement	GAN	International	19,83 %
Elan USA	Rothschild	Etats-Unis	19,70 %
Union Amérique	CIC-UE	Etats-Unis	19,24 %

S'il avait acheté les valeurs de père de famille (Air liquide, Alcatel, BSN, Canal plus, Elf, Pechiney, Saint-Gobain, etc.) qui constituent le portefeuille du *Revenu français*, un magazine dont la sagesse et la prudence sont exemplaires, il aurait engrangé une plus-value de 31 % au cours de l'année 1991. S'il avait enfin misé sur des valeurs fortement décotées en début d'année comme Michelin, il aurait empoché près de 100 % de plus-value.

Rappelons en effet qu'en dehors de ses heures de sommeil, un rentier attentif peut consacrer une heure par jour à lire attentivement la presse économique et financière et suivre les conseils qui sont souvent fondés.

Et l'avenir est d'autant plus favorable aux rentiers que la Bourse est devenue, contrairement à l'Education nationale ou aux professions de santé, l'enfant chérie des pouvoirs publics comme le montrent à l'envi ce que *Le Monde* appelle « les grandes réformes de l'ombre » (11 décembre 1991) et qui concernent aussi bien les faveurs nouvelles faites aux donations et aux successions que la réduction du taux de l'impôt sur les bénéfices des sociétés qui passent de 50 % à 33 % ou l'aménagement de la fiscalité des groupes qui acceptent la réforme réclamée depuis des années par le CNPF.

Le béton quand même

Mais pour ceux qui ne disposent pas du capital, objecterez-vous ? Sont-ils condamnés aux travaux forcés à perpétuité ? Non, bien évidemment, s'ils préparent très tôt leur avenir de rentier.

Ils pourront par exemple jouer l'immobilier en investissant dans des SCPI, c'est-à-dire des sociétés civiles de placements immobiliers dont l'objet est d'acquérir et de gérer un patrimoine immobilier locatif, essentiellement des bureaux, des locaux commerciaux, des entrepôts, etc.

Même si l'immobilier a récemment souffert d'une baisse importante des prix du logement, les SCPI offrent toujours des plus-values et des revenus importants. C'est ainsi que depuis dix ans, Fructipierre, une SCPI de la Banque populaire, assure sans souci de gestion pour ses actionnaires une performance globale tout à fait honorable.

SCPI Fructipierre

	Rendement	Plus-value	Performance globale
1980	6,90 %	6,47 %	13,37 %
1981	6,89 %	10,13 %	17,02 %
1982	6,56 %	6,13 %	12,69 %
1983	6,53 %	5,78 %	12,31 %
1984	6,67 %	6,01 %	12,68 %
1985	6,60 %	5,67 %	12,27 %
1986	6,59 %	5,37 %	11,96 %
1987	6,71 %	15,74 %	22,45 %
1988	6,32 %	8 %	14,32 %
1989	6,29 %	14,81 %	21,10 %
1990	5,97 %	9,67 %	15,64 %

Mieux surtout, en profitant aujourd'hui de la baisse de l'immobilier et des carottes fiscales que le gouvernement a multipliées pour soutenir les entreprises du bâtiment, un jeune cadre de 35 ans aujourd'hui fortement imposé peut se constituer en dix ans le ticket d'entrée pour devenir rentier.

Il peut, par exemple, acheter en 1992 dans le neuf des logements destinés à la location. Il bénéficiera alors d'une réduction d'impôts égale à 10 % de l'investissement plafonné à 600 000 F pour les couples mariés et d'une déduction spéciale de 25 % sur les loyers à déclarer. Opération qu'il pourra renouveler entre 1993 et 1997. Il doit surtout réaliser cette opération à crédit pour optimiser au mieux sa situation fiscale.

Imaginons ainsi qu'il réalise un investissement de 1,5 million sur les trois prochaines années avec un apport de 300 000 F. En choisissant un emprunt « in fine », c'est-à-dire dont le capital est remboursé intégralement en une seule fois à la fin du prêt (au lieu d'un emprunt remboursé en plusieurs fois pour un emprunt classique) et dont les intérêts sont payés chaque année, il assurera la défiscalisation totale de ses revenus locatifs puisque les intérêts d'un emprunt contracté pour l'acquisition d'un logement destiné à la location sont entièrement déductibles des loyers encaissés.

Au terme des dix ans, en faisant l'hypothèse raisonnable d'une valorisation annuelle de 6 %, il se trouvera à la tête d'un capital de près de 2,5 millions, les loyers encaissés, près de 1 000 000 F sur dix ans (et peut-être plus dans la mesure où la demande de logements risque bientôt d'être supérieure à l'offre, surtout à Paris et en Ile-de-France où 30 000 locations disparaissent chaque année), ayant de leur côté permis de rembourser les intérêts du capital emprunté.

Une opération qui, bien menée, peut permettre aujourd'hui à de jeunes cadres stressés de disposer au bon âge du capital qui leur permettra, comme ils en rêvent, de devenir rentiers. Et cela, avec un effort annuel d'épargne relativement limité.

Alors, c'est le moment de profiter des rabais et des réductions de prix substantielles qu'un client sachant négocier peut aujourd'hui obtenir dans un environnement déprimé.

Loueur en meublé, toujours...

Mieux enfin, si vous avez l'esprit d'entreprise, vous pouvez toujours accéder à la qualité de loueur en meublé professionnel et bénéficier ainsi d'un véritable paradis fiscal. A condition toutefois de vous méfier des opérations « clés en main » proposées par des marchands de biens à des prix exorbitants et de réaliser l'opération vous-même ou avec des amis.

Au terme du Code général des impôts, deux conditions suffisent pour accéder au paradis :

— être inscrit au Registre du commerce en qualité de loueur professionnel ;

— soit percevoir plus de 150 000 F de recettes

annuelles (soit 12 500 F de loyers mensuels), TVA de 7 % comprise, soit retirer de l'activité de loueur en meublé au moins 50 % de ses revenus.

Ces conditions étant réunies, le loueur en meublé professionnel a la possibilité de déduire de *la totalité de ses revenus imposables* — et non pas seulement de ses revenus fonciers — l'intégralité des déficits (charges supérieures aux loyers) résultant des travaux de rénovation et des intérêts du crédit.

Ajoutons-y en outre l'avantage d'*être exonéré de la plus-value* si la revente intervient plus de cinq ans après l'acquisition.

L'opération est évidemment à recommander à tous les jeunes Français qui aspirent à devenir rapidement rentiers.

En investissant environ 3 millions de francs à crédit, avec toujours un emprunt « in fine », ils auront ainsi la possibilité d'acquérir en une dizaine d'années un fort coquet patrimoine (qui sera alors probablement de 5 millions) et de déduire en même temps de leur revenu imposable un important déficit d'exploitation (environ 200 000 F) qui exonérera de l'impôt sur le revenu tous ceux qui versent aujourd'hui au fisc 150 000 F par an.

Un véritable paradis qui demande toutefois d'y consacrer un peu de temps. Mais, comme l'affirme avec raison le bon sens populaire, le temps, en l'occurrence, c'est bien de l'argent !

Il était un petit navire...

A ceux qui souhaiteraient gagner encore plus d'argent en dormant, il est toujours possible de s'intéresser aux contrats qu'a proposés la Société générale avec la générosité du ministère des Finances et du sous-ministre de la Mer.

En lançant ce pavé dans la mare, *Le Canard enchaîné* a souligné en fait à quel point il est absurde de travailler lorsqu'on a des revenus et un patrimoine élevé.

L'opération consiste à devenir, avec d'autres épargnants, copropriétaires d'un navire, ce qu'en langage maritime on appelle un « quirat ». Un armateur du Havre, écrit *Le Canard*, Services et Transports, vient de passer commande à un chantier naval japonais de deux tankers de 40 000 tonnes qui seront lancés en 1992. Pour financer cette opération, la banque a divisé le bateau en 200 « quirats » valant chacun 1 million.

L'heureux actionnaire est invité à ne mettre que 100 000 F au comptant dans l'opération. A titre de cadeau de bienvenue, il reçoit une prime d'équipement de 75 000 F attribuée par le ministère de la Mer et qui s'ajoute à la mise de 100 000 F. Les 825 000 F nécessaires pour atteindre le million sont financés par un prêt de la Société générale, au taux de 11,5 %.

Et les intérêts de ce prêt (pas loin de 100 000 F

par an) sont totalement déductibles des revenus imposables, comme l'amortissement annuel du bateau.

Le navire étant d'autre part loué à Total pendant la durée de l'opération, chaque copropriétaire recevra sa quote-part de loyer. Au bout du contrat enfin, la Société générale s'engage à racheter les « quirats » vendus.

Une opération qui n'est pas loin de ressembler à celle du loueur en meublé professionnel et qui permettra à une clientèle aisée, celle qui est imposée au taux marginal de 56,8 %, de multiplier par 3,4 son capital en sept ans !

Quand l'opération se déroule dans un département ou territoire d'outre-mer, les dispositions de la loi Pons votée en 1986 et prorogée par le gouvernement jusqu'en 2001 sont encore plus attractives. Si un particulier achète en effet un voilier d'un million de francs, le texte permet en effet, par le biais de réductions d'impôt, d'amortissements importants, de provisions et de déficits d'exploitation entièrement répercutés au cours des premiers exercices, de retrouver 1,4 fois sa mise en économies d'impôts ou ristournes diverses. Ce qui revient à financer un investissement d'un million de francs aux frais de l'Etat.

Vous comprendrez toutefois que je ne saurais vous recommander de telles insolences.

Il y a trois ans, j'avais seulement proposé qu'on me condamne à travailler à perpétuité si vous ne dégagiez pas de votre capital un revenu minimum net d'impôts de 7 % à 8 %.

Aujourd'hui, je renouvelle cette promesse en espérant toutefois que les prochains gouvernements continueront, comme la gauche l'a fait avec bonheur depuis 1981, à privilégier le capital au détriment du travail.

LA PROVIDENCE AU RABAIS

Certes, en vous retirant volontairement du marché du travail, vous vous priveriez momentanément des deux lourdes mamelles de l'Etat-Providence, la Sécurité sociale et la Retraite. De quoi retenir les plus audacieux. De quoi terroriser les plus anxieux.

Le beurre...

En fait, l'importance du risque est minime. Si vous décidez en effet de devenir rentier avant 50 ans, vous n'aurez en fait que quinze années au pire à « tenir » avant de percevoir une retraite certes plus menue mais de nature à vous offrir alors le superflu. Quinze ans aussi à bénéficier d'une Sécu au rabais, celle que vous offre l'assurance personnelle.

Toute personne habitant en France et qui ne peut pas ou ne peut plus bénéficier d'un régime obligatoire de la Sécurité sociale peut en effet souscrire une assurance personnelle, moyennant une cotisation égale à 11,90 % de la totalité de ses revenus, plus 3,35 % dans la limite du plafond de la Sécurité sociale.

Elle doit pour ce faire adresser à la Caisse Primaire d'Assurance Maladie de son domicile une copie de sa dernière déclaration de revenus pour que cette dernière puisse asseoir le montant de sa cotisation.

Mais dans la mesure où cette cotisation est assise sur le revenu « passible » de l'impôt et que le Code général des impôts précise que vous n'êtes tenu de souscrire une déclaration que si vous réalisez des opérations imposables, autant dire que tout Français réalisant des plus-values sur des valeurs mobilières sera considéré comme sans ressources si le montant annuel de ses cessions de titres est inférieur à 316 900 F en 1992.

Autant dire qu'un Français disposant d'un revenu mensuel non passible de l'impôt *supérieur à 25 000 F par mois* acquittera à la Sécurité sociale, pour la première fois de sa vie avec une réelle jubilation, une cotisation minimum calculée sur la base de la moitié du plafond de la Sécurité sociale, soit 750 F par mois pour être assuré, lui et ses ayants droit !

De quoi ne pas perturber son sommeil et optimiser au mieux une législation sociale fondée sur l'irréversibilité de la valeur travail et donc incapable d'imaginer la situation de personnes fuyant *volontairement* le « boulot ».

Et l'argent du beurre...

Comme je l'ai aussi rappelé plus haut, la retraite ne sera plus pour le rentier le problème qui préoccupe tant les Français. A 60 ans en effet, comme l'a démontré le montage financier élaboré pour Pierre, il aura toujours à disposition un capital préservé et même valorisé qui lui garantira une rente non imposable bien supérieure à la retraite à laquelle pourront prétendre les cadres suractifs pour lesquels la cessation d'activité risque de se transformer en cauchemar.

Pour quelques privilégiés en effet qui, à l'âge de 65 ans voire 70 ans comme on le suggère de plus en plus, auront encore le privilège de récupérer *pour une dizaine d'années* les sommes qu'ils auront versées *pendant toute une vie*, pour l'immense majorité des quadragénaires stressés, la retraite risque d'être le plus grand hold-up du siècle, la plupart d'entre eux risquant d'être victimes du *karoshi* avant d'espérer la toucher.

Pour le rentier par contre, s'il n'oublie pas de faire alors valoir ses droits, la retraite apparaîtra comme un bienfait inattendu de l'Etat-Providence que le chef de division de la Caisse interprofessionnelle de prévoyance des cadres m'a aimablement chiffré.

En prenant l'hypothèse d'un cadre ayant cessé de travailler après vingt-cinq ans d'activité ininterrompue, de 23 à 48 ans par exemple, l'âge qu'atteint aujourd'hui Pierre, le montant de ce bienfait peut être évalué à 130 000 F par an, à percevoir à partir de l'âge légal de la retraite. Montant qui sera toutefois imposé (environ 9 000 F par an pour deux parts) mais qui permettra au rentier de faire alors l'économie de l'assurance personnelle à la Sécurité sociale (9 000 F par an). Une opération blanche, donc, qui assurera alors à Pierre et à son épouse un revenu mensuel disponible de plus de 35 000 F par mois (25 000 F de rente et 10 000 F de retraite) ! De quoi finir ses jours dans le plus grand des conforts et ne pas redouter l'échéance du dernier sommeil.

Pour Michel qui, aujourd'hui, à 48 ans, bénéficie déjà d'une ancienneté de trente ans dans la mesure où il est passé par l'Ecole normale supérieure et que ses annuités démarrent à l'âge de 18 ans, la préférence pour une cessation immédiate d'activité est encore plus flagrante.

A 55 ans et demi, sept ans après avoir choisi de devenir rentier, il bénéficiera en effet d'une retraite égale à 66 % de son dernier traitement brut (trente années d'activité × 2 + 10 % de majoration pour avoir élevé trois enfants), soit

13 230 F par mois, *3 968 F de moins seulement par rapport à son salaire mensuel actuel !!!*

Dommage que la scandaleuse inégalité des sexes ne lui permette pas de la percevoir immédiatement comme son épouse qui, au même âge, *peut en jouir immédiatement sans attendre l'âge légal de la retraite.*

En tant qu'homme, soulignons avec force et dépit cet avantage dont ne bénéficient que les femmes et qui devrait inciter des *milliers* d'enseignantes épuisées ou de fonctionnaires désabusées, soit à prendre immédiatement leur retraite si elles ont élevé trois enfants, soit à en concevoir un troisième dans les plus brefs délais.

A condition d'avoir eu quinze ans d'activité, elles percevront immédiatement et à vie bien évidemment une retraite proportionnelle à leurs années d'activité.

Si Geneviève, qui est institutrice et bénéficie déjà, à 45 ans, de vingt-sept années d'ancienneté, prenait aujourd'hui sa retraite, elle bénéficierait ainsi d'une pension de 6 300 F par mois auxquels viendrait s'ajouter une majoration de 630 F dès que son troisième enfant atteindrait l'âge de 16 ans.

Le calcul est vite fait pour toutes les femmes fonctionnaires ayant trois enfants et plus de vingt années d'activité professionnelle. Elles travaillent en fait pour du beurre ou presque, le fisc, les transports, les repas pris hors de la maison venant largement grignoter la différence entre le montant de leur salaire et celui de la pension à laquelle elles peuvent immédiatement prétendre. Sans compter évidemment les tracasseries liées à des professions qui — la colère des infirmières et le malaise des enseignants le montrent assez — ne méritent pas les sarcasmes trop souvent lancés à l'encontre des fonctionnaires.

Si les plus anxieux d'entre vous redoutent quand même de se trouver démunis après 60 ans, ils peuvent toujours cotiser volontairement à une caisse de retraite complémentaire qui leur assurera un supplément de nature à les réconforter. A tous les fonctionnaires, nous conseillons en particulier de souscrire dans les plus brefs délais le contrat proposé par la MRIFEN que les experts financiers considèrent comme l'un des plus avantageux du marché.

En versant pendant douze ans la cotisation annuelle maximum qui est aujourd'hui de 17 300 F — cette cotisation varie évidemment selon l'âge d'adhésion —, les adhérents pourront tout d'abord déduire de leurs revenus imposables l'*intégralité de cette cotisation* — avantage cumulable avec la réduction d'impôt liée aux contrats classiques d'assurance-vie — et bénéficier à partir de 55 ans d'un complément-retraite versé à vie et indexé sur les traitements de la fonction publique de plus de 2 000 F par mois, ce qui représente sur le long terme une solide garantie contre l'érosion monétaire. Si le conjoint n'est pas fonctionnaire, il peut toutefois souscrire lui aussi ce contrat et cumuler ainsi les avantages fiscaux qui, pour Michel et son épouse, représenteraient 6 000 F par an, soit 17 % de ce qu'ils cotisent !

Etant donné l'espérance de vie particulièrement élevée des enseignants, près de 80 ans, ce contrat est une véritable poule aux œufs d'or qui leur permettra d'amortir leur cotisation en moins de sept ans après l'entrée en jouissance et de bénéficier d'une rente à vie « gratuite » de plus de 4 000 F par mois pendant près de vingt ans.

Cotisation annuelle maximum pendant 12 ans pour un couple :

17 290 F × 2 = 34 580 F

Réduction annuelle d'impôt pour un revenu imposable annuel de 330 000 F (4 parts), celui de Michel et Geneviève :

6 000 F

Cotisation annuelle nette :

34 580 F – 6 000 F = 28 580 F

Soit, pendant douze ans :

28 580 F × 12 = 342 960 F

Complément-retraite annuel indexé disponible à partir de 55 ans :

48 230 F

Durée de l'amortissement de l'épargne :

342 960 F ÷ 48 230 F = 7 ans

Date d'entrée dans le paradis pour rentier fonctionnaire ou conjoint de fonctionnaire :

62 ans

Espérance de vie d'un enseignant à 62 ans :
16 ans

Sans compter l'héritage

Il faut aussi rappeler qu'à la cinquantaine, nos rentiers n'auront plus d'enfants à charge — sauf si, comme le regretté Yves Montand, ils prennent tardivement goût à la paternité — et que surtout, ils hériteront à cette date du patrimoine de leurs parents — sauf si, bien sûr, ces derniers ont la même longévité qu'Antoine Pinay. Depuis une dizaine d'années, on assiste en effet au retour en force de l'héritage qui risque de retrouver le rôle qu'il jouait à la veille de la Première Guerre mondiale, au moment où les sommes transmises représentaient chaque année 10 % du revenu national, à l'époque précisément où triomphaient les rentiers.

C'est que les parents de nos futurs rentiers se sont considérablement enrichis depuis 1945. Elevés dans le culte de l'Ecureuil, ils ont beaucoup épargné et, surtout, ont bénéficié des très fortes plus-values immobilières et mobilières des années 1980.

En 1991, le patrimoine des Français directement réalisable s'élève ainsi à 16 600 milliards de francs, sans compter les biens d'usage (meubles, véhicules...) ni l'ensemble des biens professionnels, ce qui représente 2,5 fois le produit intérieur brut.

La fortune privée des épargnants français en 1991 :
16 600 milliards de francs
(capitaux investis en milliards de francs. Estimation octobre 1991)

Actions / obligations
2 425 MdsF

Actions (détenues en direct)	700
Obligations (détenues en direct)	600
Sicav court terme privées	600
Sicav obligations	260
Sicav actions diverses et internationales	140
Sicav actions françaises	125

Placements liquides
à tout moment
2 655 MdsF

Dépôts et comptes à vue	1 300
Livret A et Bleu	950
Livret B	125
Compte Epargne-Logement	125
Codévi	85
Livret Epargne Populaire	70

Placements
avec contraintes de blocage
2 020 MdsF

Assurance-vie	895
Bons de caisse ou à terme	350
Plan Epargne-Logement	450
Plan Epargne Pop. (PEP)	185
CEA / 5 000 F Monory	140

Placements
pouvant être anonymes
920 MdsF

Or	350
Bons au porteur	420
Antiquités / Bijoux / Collections	150

Immobilier foncier
(biens privés)
8 590 MdsF

Immobilier / Foncier	8 500
SCPI	90

Source : ministère de l'Economie, direction des Impôts, commission des Opérations de Bourse, INSEE, CERC, CREDOC, débats parlementaires, nombreuses statistiques officielles et ouvrages spécialisés. Estimation Revenu Français.

On compte ainsi 23 millions de Français assurés sur la vie, 17 millions de propriétaires de leur résidence principale, 13 millions de détenteurs de valeurs mobilières, 9 millions de titulaires de PEP, 5 millions de possesseurs d'or et 7 millions d'actionnaires individuels. Un électeur sur cinq est donc directement intéressé aux performances de la Bourse, soit pratiquement le pourcentage des votes socialistes.

Un choix électoral totalement raisonnable dans la mesure où, historiquement, les meilleures performances de la Bourse ont souvent été associées à des gouvernements de gauche. Faut-il rappeler qu'un épargnant qui aurait investi en Bourse en 1936, au moment où Léon Blum formait le gouvernement du Front populaire, et revendu un an après, au moment où il était renversé au profit d'un gouvernement plus modéré, aurait engrangé une plus-value moyenne de 57 %, l'année des congés payés, des conventions collectives, des 40 heures et de la nationalisation de la Banque de France !

Elles ont aimé Léon Blum

Les plus fortes hausses des actions entre juillet 1936 et mai 1937

Citroën	970 %
Soieries Ducharne	285 %
Omnium international des pétroles	248 %
Grand-Hôtel	248 %
Compagnie générale transatlantique	233 %
Peyrissac	219 %
Compagnie centrale d'éclairage par le gaz	209 %
Ouest Algérien	184 %
Forges et Aciéries du Nord et de l'Est	175 %
Ciments du Boulonnais	160 %

Faut-il rappeler aussi qu'un Français qui aurait acheté en février 1956, au moment de l'investiture de Guy Mollet, et revendu en mai 1957 au moment de la chute du Front républicain aurait empoché une hausse moyenne de 40 % !

Surtout, le patrimoine moyen que cèdent les Français à leurs enfants s'élève aujourd'hui à plus de 700 000 F. Dans la mesure en effet où elles n'ont plus besoin de consommer leur patrimoine, dans la mesure où elles bénéficient désormais en moyenne de retraites élevées, les personnes âgées n'entament plus leur patrimoine et vont léguer à leurs héritiers des sommes de plus en plus coquettes.

Ce sera le grand retour de l'héritage qui concernera dans un futur proche *près de deux Français sur trois.* Un héritage qui, en outre, sera le plus souvent soumis à des droits de succession minimes. C'est ainsi que le projet de loi de finances pour 1992 accorde des faveurs nouvelles aux donations et aux successions. Un couple pourra désormais transmettre par donation une somme de 1,2 million de francs s'il y a deux enfants dans la famille sans payer de droits de succession et cela tous les dix ans.

Même si le ministère des Finances n'a pas caché que ce nouveau dispositif pouvait encourager la transmission d'entreprises du vivant de leurs dirigeants, force est de souligner que toute donation, quelle que soit sa nature, immeubles ou valeurs mobilières, relèvera de ce régime.

Même si l'auteur de ces lignes ne veut pas mêler sa voix au grand cirque électoral qui se met en place, il est toutefois obligé de reconnaître que jamais les possédants n'ont été aussi gâtés que depuis l'arrivée de la gauche au pouvoir en 1981.

Un paramètre que doivent prendre en compte les futurs rentiers. Peut-être forment-ils déjà d'ailleurs les 23 % de Français favorables au maintien d'un gouvernement socialiste.

LA FIN DES « CHOSES »

« L'argent ? En ayant du temps libre, on apprend à dépenser moins et mieux. »

Béatrice, ancienne de l'Institut supérieur de gestion, consultant en formation, qui a choisi de ne travailler que deux jours par semaine et gagne 12 000 F par mois.

Un cas de figure exemplaire

D'origine italienne, Gian Lucca a obtenu en 1985 son diplôme de l'ESIEE. Ingénieur en électronique, spécialiste des circuits intégrés, il a connu une ascension professionnelle particulièrement allègre. En 1987, il gagnait environ 11 000 F par mois. Aujourd'hui à 32 ans, après avoir changé deux fois d'entreprise, il en est à 29 000 F, toutes primes incluses.

Christine, son épouse, d'origine lyonnaise, est assistante sociale et gagne 8 000 F par mois. Elle attend son deuxième enfant.

En 1990, ils ont acheté à Sèvres, à proximité de la forêt, un appartement de 65 mètres carrés dans une résidence de standing moyen : 860 000 F financés par différents prêts qui représentent au total 7 927 F de remboursements mensuels pendant quinze ans. Les impôts, qui vont peser de plus en plus lourd, ponctionnent 61 800 F par an (54 500 F au titre de l'impôt sur le revenu et 7 300 F d'impôts locaux).

Fourmis plus que cigales, Gian et Christine

dépensent pour vivre 182 500 F par an, soit 15 200 F par mois et épargnent plus de 8 000 F par mois. Leur patrimoine net de dettes qui se compose de l'appartement et de Sicav monétaires s'élève déjà à 783 000 F.

Ce qu'ils gagnent

Salaire Gian Lucca. . .	350 000 F
Salaire Christine	96 000 F
Total	**446 000 F**

Ce qu'ils possèdent

Appartement Sèvres	1 200 000 F
Sicav Univar	51 642 F
Sicav Mone J	136 710 F
Caisse d'Epargne . . .	7 000 F
Codévi	1 000 F
Assurance-vie Asac Fapes	10 000 F
Compte courant	11 200 F
Compte frais	26 000 F
Total	**1 443 552 F**

Ce qu'ils dépensent

Alimentation	49 000 F
Habillement	31 000 F
Energie.	6 500 F
Voiture.	10 000 F
Assurances	7 000 F
Maison.	14 000 F
Cadeaux	9 000 F
Charges copropriété .	11 000 F
Loisirs	20 000 F
Petites dépenses	32 000 F
Impôts sur le revenu	54 500 F
Impôts locaux	7 300 F
Remboursement prêts immobiliers	95 700 F
Epargne	99 000 F
Total	**446 000 F**

Ce qu'ils doivent

Prêt PEL appartement Sèvres	51 000 F
Prêt CEL appartement Sèvres	28 800 F
Prêt patronal appartement Sèvres . .	40 000 F
Prêt Crédit agricole appartement Sèvres . .	540 000 F
Total	**659 800 F**

Valeur nette du patrimoine 783 752 F

A ce rythme, ils pourront sans aucun problème rejoindre vers 40 ans le grand corps des rentiers, à condition bien évidemment de gérer correctement leur épargne et — c'est une suggestion que je formule — de concevoir rapidement un troisième enfant.

Dans dix ans en effet, leur patrimoine immobilier, en tenant compte d'une valorisation moyenne de 5 % par an, vaudra bien 1,8 million. Les 200 000 F qu'ils détiennent en Sicav feront des petits et — en prenant l'hypothèse d'un taux moyen annuel de 8 % — seront devenus en francs actuels 400 000 F.

Habilement placés sur un contrat d'assurance-vie, les 99 000 F qu'ils épargnent tous les ans permettront de constituer un portefeuille d'environ 1,4 million.

A la quarantaine, Gian Lucca et Christine auront alors à leur disposition un patrimoine d'environ 3,5 millions de francs, c'est-à-dire la possibilité de percevoir un revenu mensuel non passible de l'impôt de 23 300 F auxquels viendra s'ajouter la retraite de Christine qui, après vingt années d'activité, percevra près de 4 000 F par mois et pourra faire bénéficier gratuitement son mari de la Sécurité sociale.

27 300 F par mois pour ces rentiers quadragénaires, soit la somme qu'ils dépensent aujourd'hui pour vivre et se loger en travaillant.

Comment pourraient-ils alors résister au principe fondamental de la science économique quand Gian avoue déjà que ses ressources reposent en grande partie sur la bonne marche des ventes de sa société ?

Comment ne s'y rallieraient-ils pas quand Gian arrivera à l'âge où il risquera de se faire « matraquer » alors qu'ils auront la possibilité de jouir d'un revenu disponible supérieur à celui que perçoit la majorité des Français, du revenu qui correspond exactement à celui que désirent les commerciaux et les ingénieurs des grandes écoles pour devenir rentiers.

La cohorte des futurs rentiers

Combien sont-ils à pouvoir rêver d'épouser la solution qui leur permettrait de ne plus s'user en travaillant ?

Bien plus qu'on ne le pense en fait.

Comme le révèle en effet l'enquête réalisée auprès des jeunes diplômés en début de carrière, 61,6 % des ingénieurs gagnent déjà entre 200 000 F et 400 000 F par an et 24 % de 400 000 F à 600 000 F. Les commerciaux font mieux puisqu'ils sont 18,2 % à recevoir plus de 600 000 F. Mieux, ils sont 20 % à posséder déjà un patrimoine compris entre 1,2 million et 2 millions de francs et 10,8 % à disposer d'un patrimoine supérieur à 2 millions de francs. Mieux encore, ce patrimoine est surtout composé de valeurs mobilières puisqu'un tiers seulement de ces jeunes gens sont propriétaires de leur logement.

Des notaires aux avocats, des électro-radiologistes aux avoués près des cours d'appel, des pharmaciens aux commissaires-priseurs, ils sont des milliers à percevoir des revenus supérieurs à

400 000 F par an et à disposer d'un patrimoine supérieur à 2 millions de francs.

C'est ainsi que les 10 % des ménages les plus fortunés se partagent 54 % du patrimoine national, ce qui veut dire que 2 millions de ménages possèdent en moyenne plus de 4 millions de capital.

Mieux enfin, ces ménages les plus fortunés bénéficient de revenus d'activité qui, en moyenne, atteignent 300 000 F par an. C'est dire à quel point ils violent le principe le plus fondamental de la science économique puisqu'en devenant rentiers, ils disposeraient d'un revenu annuel non imposable égal et même souvent supérieur à celui qu'ils perçoivent en travaillant de plus en plus durement !

Autant de statistiques surtout qui démontrent à l'envi que des milliers de jeunes cadres pourront vers 40 ans, c'est-à-dire demain, ne rien faire plutôt que de travailler comme le désirent déjà 69,4 % de ceux qui disposent du patrimoine supérieur à 2 millions de francs.

La société de consommation en péril

Mais une famille de quatre ou cinq membres, bientôt limitée au seul couple des parents, peut-elle vraiment vivre avec 25 000 F nets par mois ? Cette question que beaucoup de Français m'ont posée mérite d'être appréciée à l'aune des récentes évolutions.

Quelque chose en effet a changé dans la tête des Français. Moins fantasques, plus exigeants, ils dépensent aujourd'hui autrement. Et réclament des produits simples, pratiques, écologiques. A la tête de cette véritable révolution, les femmes qui sont 77 % à s'estimer économes.

En cette fin de siècle, les valeurs changent. Même si Michel Bon, le PDG de Carrefour, ne veut pas croire à la fatigue des consommateurs, nous sommes bien en train de passer d'une société de consommation à une société de sens, constatent les sociologues. A la poursuite effrénée de la carrière, de l'argent et des biens consommables succède la recherche d'une vie plus harmonieuse, plus épanouissante. Pour beaucoup de nos contemporains, la famille passe désormais au premier plan, quitte à faire quelques sacrifices côté portefeuille.

Aux États-Unis déjà, les américains ne passent plus que quatre heures par mois dans les magasins, contre douze heures il y a dix ans ! Et dans son numéro de juillet 1991, *Fortune* fait ce constat : « Aujourd'hui, les gens n'achètent plus que ce qu'ils veulent vraiment », au grand désespoir des entreprises de communication dont l'activité et les profits sont lourdement à la baisse.

Certes, la récession économique, la morosité, la peur du chômage, la croissance du nombre des pauvres, les problèmes du tiers monde n'ont pas été pour rien dans cette révolution des mœurs mais, surtout, l'émergence de l'écologie, la vanité du superflu, le sentiment d'être pris pour des machines à consommer ont progressivement tempéré la frénésie d'achats et détourné les consommateurs des *stimuli* du marketing et de la mode. Mammouth est devenu un « centre de vie » et Carrefour « positive ».

C'est désormais un fait acquis. Les consommateurs veulent des choses simples, pratiques et évidentes. Il y a de moins en moins d'achats d'impulsion ou de standing, constate le directeur du Crédoc. La montre à affichage numérique a fait un bide. Le lave-vaisselle progresse moins vite qu'on l'aurait cru. Les machines à laver séchantes sont bradées. Les plats cuisinés sous vide ont du mal à se faire de la place et si les retraités réveillonnent au homard, les riches se goinfrent au jambon maigre à la Badoit et font leurs courses chez Ed, l'épicier discount.

Et quand le prix d'un micro-onde varie du simple au quintuple, les consommateurs se posent alors la vraie question : « En ai-je vraiment besoin ? »

Et même si Nike ou Chevignon font encore recette, les dépenses de vêtement sont plutôt à la baisse, comme le démontre assez l'évolution de la consommation des Français.

Même si la mode nous fait croire que la consommation est de plus en plus abondante, les statistiques, avec leur implacable sécheresse, nous démontrent en fait le contraire. Alors que les dépenses vestimentaires atteignaient 15 % du budget des Français en 1950, elles n'en représentent plus aujourd'hui qu'un peu plus de 6 %. Pis, après avoir augmenté de 2,8 % par an de 1963 à 1973 et de 0,2 % de 1973 à 1979, la consommation en francs constants a régressé depuis. Et cette évolution a été, contrairement là encore à ce que l'on pourrait croire, partagée par l'ensemble des catégories sociales. C'est ainsi que les cadres supérieurs et les professions libérales dépensent aujourd'hui, toujours en francs constants, moins qu'en 1972 !

Ce sont surtout les hommes qui sont les premiers responsables de cette chute spectaculaire. En 1953, ils achetaient en moyenne un costume une année sur deux, une année sur six en 1984 ! Manteaux, costumes et imperméables qui représentaient 39 % de leur trousseau en 1953 n'en représentent plus que 13 % en 1984.

L'évolution est la même chez les femmes. C'est bien évidemment le confort, le développement du chauffage central et le développement des transports collectifs et individuels qui ont allégé les garde-robe et condamné les articles lourds.

L'autre raison surtout — femmes qui allez me lire, allez-vous me croire ? — est la baisse relative du prix des vêtements. En 1914, un manœuvre devait travailler 11,6 heures pour se payer une chemise de ville ; moins de 5 heures aujourd'hui ; près de 20 heures pour acheter trois paires de chaussettes en 1914 ; à peine 3 heures aujourd'hui.

C'est aussi la fée du logis qui s'essouffle. En 1960, quatre familles sur cinq ne disposaient ni d'un réfrigérateur, ni d'un lave-linge et une famille sur dix seulement était équipée d'un téléviseur noir et blanc. Aujourd'hui, le plein est fait. 96,9 % des ménages possèdent un réfrigérateur, 92,1 % un téléviseur et 83,6 % un lave-linge. L'équipement du logement, qui avait été l'un des moteurs les plus actifs de la croissance, est donc en train de se gripper. De 1979 à nos jours, les dépenses qui lui ont été consacrées ont même diminué de 1,2 % par an tandis que le prix relatif de ces biens d'équipement a considérablement baissé. Alors que l'indice général des prix est en effet passé de l'indice 100 en 1970 à l'indice 379 en 1985, celui des produits « blancs » (réfrigérateur, lave-linge et lave-vaisselle) est seulement passé de l'indice 100 à l'indice 230.

C'est enfin le budget alimentaire des Français qui a été bouleversé en une génération. En 1960, l'alimentation représentait 41,2 % de leurs dépenses ; aujourd'hui à peine 20 % ; en l'an 2000, 16,5 % d'après les prévisions de l'INSEE. A cette date, pour la première fois de notre histoire, les dépenses alimentaires ne représenteront plus le premier poste des dépenses ; ce seront les dépenses de santé. On devra dire alors : « Tu gagneras ton Valium à la sueur de ton front » et non plus « ton pain » !

Car le pain quotidien qu'on réclamait dans les prières, ce pain dont l'absence rendait les jours si longs et dont on cassait la croûte quand il était trop dur est la grande victime de cette évolution. En volume, c'est-à-dire en quantités, sa consommation a stagné dans les dix dernières années. C'est aussi la viande qui perd de son attrait au profit du fromage, des laitages et des œufs. Ce sont les légumes secs, les fameux haricots du mouton qui voient leur consommation s'effondrer.

C'est même le vin qui autrefois arrosait la bonne chère qui cède le terrain au profit des eaux minérales dont les Français sont les premiers buveurs au monde.

Le vin a en fait accompagné la tragique destinée du prolétariat. Le vin qui « nourrit et fortifie », qui « donne du sang », qui « fouette et qui remonte » s'est évaporé des budgets en même temps que disparaissaient les dockers, les métallos et les déménageurs.

Nous avons ainsi vécu, dans les trente dernières années, une transformation de nos habitudes alimentaires dont l'histoire n'offre aucun précédent.

Autant de révolutions tranquilles qui amènent certains sociologues à établir le constat suivant :
— le travail est considéré dans nos sociétés comme le moyen de gagner un revenu ;

— en retour, le revenu sert à acquérir des biens de consommation ;
— si la satisfaction que l'on tire de cette consommation se dégrade, ne peut-on pas craindre que s'émousse l'ardeur au travail ?

Autant d'évolutions qui m'amènent à formuler un autre constat :
— le principe fondamental de la science économique est que le travail est l'instrument indispensable qui permet au travailleur de se procurer les biens nécessaires à la reproduction de sa force de travail et à l'entretien de sa famille ;
— si la satisfaction que l'on retire de cette consommation se dégrade ou si le prix relatif de ces biens diminue, pourquoi travailler plus ?

Cela ne veut évidemment pas dire que notre jeune rentier vivra dans un gourbi, s'habillera de peaux de bêtes ou se nourrira de rutabagas. Cela veut simplement dire que tout ménage disposant d'un patrimoine de 2 à 3 millions de francs peut vivre plus que confortablement, en disposant d'un revenu et d'un style de vie qui lui fera enfin dire que la vie vaut la peine d'être vécue et que Dieu est peut-être toujours français.

MAIS QUI FERA BOUILLIR LA MARMITE ?

Mais qui fera bouillir la marmite ? Qui produira les richesses à partager si tous ceux qui en ont la possibilité décident de suivre la pente de leur intérêt ? Cette question, beaucoup d'entre vous me l'ont évidemment posée.

« Peut-on imaginer, écrivait un magazine financier, pire naïveté que celle d'un professeur de faculté qui, manifestement, en est resté au plan des grands concepts de la philosophie pour mener une analyse d'une rigueur bien douteuse ?

« Transformer la France en société de rentiers serait un double suicide. D'abord économique, parce qu'on ne peut imaginer, dans l'interdépendance économique mondiale, un pays entier vivant de ses rentes, à moins d'être assis sur une mine d'or. Ensuite, humain, car imaginons un seul instant une population entière livrée à l'oisiveté. Quelle tristesse !... »

Quelle tristesse surtout à constater que la France d'aujourd'hui supporte déjà 3 millions d'oisifs forcés, les demandeurs d'emploi non satisfaits, et qu'il faut bien mal connaître les évolutions en cours pour imaginer que l'avenir est au travail.

Même au Japon, les drogués du boulot ne séduisent plus. Et comme nos jeunes diplômés français, 70 % des hommes âgés de 20 à 30 ans trouvent stupides ces *workalchoolic* qui dorment six jours sur sept dans un de ces hôtels dont les chambres ressemblent à des alvéoles de ruche, auxquelles on accède par une échelle et dans lesquelles on ne peut pas se tenir debout. Ancien chantre du management « à la japonaise », Akio Morita, le président de Sony, prône aujourd'hui des méthodes de management plus respectueuses des aspirations individuelles. Il faut dire que, selon un sondage réalisé en janvier, 48 % des Japonais redoutent aujourd'hui de compter un membre de leur famille parmi les victimes du *karoshi*.

Le gouvernement lui-même, alerté par les dégâts que provoque le surmenage et les milliers de victimes par « excès de travail » , a lancé une campagne d'information en faveur du *yutoriti* (la « bonne vie »), demande aux fonctionnaires de ne plus faire d'heures supplémentaires et a présenté le mercredi 4 mars 1992 un projet de loi visant à réduire à 1 800 heures le temps de travail à partir de 1992, contre 2 200 heures aujourd'hui. Ce sont aussi les grandes sociétés qui, à 18 heures, demandent aux employés de quitter leur travail et de rentrer chez eux.

Contrairement aussi à une légende fort tenace, les Allemands travaillent moins que les Français, 1 697 heures par an contre 1 767 en France. Essayez surtout de joindre un cadre allemand après 19 heures : les lumières sont éteintes, les portes fermées et les assurances inopérantes. Quant au manager canadien qui resterait après 18 heures, il faut qu'il soit incompétent ou inorganisé. A cette heure-là, il mange.

L'apologie du rentier selon saint Matthieu

Il n'y a que les Français, surtout les plus âgés, pour finalement idolâtrer autant la valeur travail. Et c'est une interprétation erronée de l'Evangile selon saint Matthieu qui en attribue à l'Eglise la responsabilité. Que lit-on en effet dans la célèbre parabole des talents qui autorise certains exégètes à imaginer que le travail serait la voie du salut ?

« C'est comme un homme qui, partant pour l'étranger, appela ses serviteurs et leur confia sa fortune. A l'un il remit cinq talents, deux à un autre, un seul à un troisième, à chacun selon ses capacités, et puis il partit. Aussitôt celui qui avait reçu les cinq talents alla les faire produire et en gagna cinq autres. Pareillement celui qui en avait reçu deux en gagna deux autres. Mais celui qui n'en avait reçu qu'un s'en alla faire un trou en terre et enfouit l'argent de son maître.

« Après un long délai, le maître de ces serviteurs arrive et il règle ses comptes avec eux. Celui qui avait reçu les cinq talents s'avança et présenta cinq autres talents : “ Seigneur, dit-il, tu m'as confié cinq talents : voici cinq autres talents que j'ai gagnés. — C'est bien, serviteur bon et fidèle, lui dit son maître, en peu de choses tu as été fidèle, sur beaucoup je t'établirai ; entre dans la joie de ton seigneur. ”

« Vint ensuite celui qui avait reçu deux talents : “ Seigneur, dit-il, tu m'as confié deux talents : voici deux autres talents que j'ai gagnés. — C'est bien, serviteur bon et fidèle, lui dit son maître ; en peu de choses tu as été fidèle, sur beaucoup je t'établirai ; entre dans la joie de ton seigneur. ”

« Vint enfin celui qui détenait un seul talent : “ Seigneur, dit-il, j'ai appris à te connaître pour un homme âpre au gain : tu moissonnes où tu n'as point semé, et tu ramasses où tu n'as rien répandu. Aussi, pris de peur, je suis allé enfouir ton talent dans la terre : le voici, tu as ton bien. ”

« Mais son maître lui répondit : “ Serviteur mauvais et paresseux ! Tu savais que je moissonne où je n'ai pas semé, et que je ramasse où je n'ai rien répandu ? Eh bien ! tu aurais dû placer mon argent chez les banquiers, et à mon retour, j'aurais recouvré mon bien avec intérêt. Enlevez-lui donc son talent et donnez-le à celui qui a les dix talents. Car à tout homme qui a, l'on donnera et il aura du surplus ; mais à celui qui n'a pas, on enlèvera même ce qu'il a. Et ce propre-à-rien de serviteur, jetez-le dehors, dans les ténèbres : là seront les pleurs et les grincements de dents. »

Quitte à passer pour un hérétique, comment ne pas interpréter cette parabole comme une apologie du rentier ? Comment en effet doubler son capital en quelques années ? Certainement pas, l'histoire le prouve abondamment, par le travail, qu'il soit agricole ou industriel. Plus sûrement, par contre, en plaçant ses talents dans un solide contrat d'assurance-vie non imposable qui vous garantit 8 % sur dix ans, le temps nécessaire pour doubler la valeur initiale de votre placement comme le bon serviteur et entrer ainsi dans la joie du Seigneur.

Et le dernier serviteur ? Ne peut-on pas assimiler son attitude à celle du cadre servile qui, par peur d'échouer, adhère aux valeurs édictées par le management ?

Autant de réflexions qui m'amènent à penser que l'Eglise ne peut être accusée d'avoir valorisé l'idéologie du travail, comme le montre aussi l'injonction de la Genèse qui fait du travail la condition de l'humanité déchue, la punition que l'homme s'est lui-même infligée.

L'apologie du travail selon Karl Marx

Force est alors d'accuser le marxisme d'avoir contaminé ceux qui dénoncent la « psychologie du rentier » et s'acharnent à vouloir nous faire retrousser nos manches. Pour les marxistes en effet, si l'esthétique des rentiers est de nature purement contemplative, celle du prolétariat est marquée par l'idéologie du producteur. Alors que le rentier ne pense que chevaux de course, tapis de luxe, cigares odorants et vins fins, le prolétaire, en contact direct avec la « matière », assiste à l'accroissement gigantesque des forces productives, aux nouvelles techniques mécaniques de plus en plus développées qui permettent de lancer sur le marché des quantités toujours plus grandes de marchandises.

Le rentier, écrit Boukharine, l'un des grands théoriciens du marxisme, « ne connaît aucune vie sociale, il vit à l'écart ; ses liens sociaux sont rompus... L'idéologie d'une pareille couche sociale est donc essentiellement individualiste. Toute différente est la manière dont se forme la mentalité du prolétariat, qui a tôt fait de rejeter l'écorce individualiste de sa classe d'origine : celle de la bourgeoisie urbaine et agraire... Il vit avant tout en prévision de l'avenir ; même les tâches actuelles, il les évalue en fonction de l'avenir. Voilà pourquoi sa manière de penser en général, surtout sa pensée scientifique, présente un caractère nettement dynamique[1]. »

Comment ne pas sourire à une telle profession de foi ? En cette fin de siècle en effet, que reste-

1 *L'Economie politique du rentier*, Moscou, 1919

t-il du dynamisme prolétarien ? Rien, en termes d'avenir. Beaucoup, en termes d'héritage culturel.

A cet égard, la fixation monomaniaque sur la valeur travail de ceux qui veulent nous imposer la disponibilité totale reflète assez bien la peur et le besoin d'obéissance stockés par ces Français durant leur enfance réprimée. Besoin d'obéissance qu'ont largement canalisé les régimes totalitaires fondés sur l'idéologie du travail et le rejet de l'individualisme.

Le management en trois parties

Pendant très longtemps en effet, le système scolaire français a produit des individus extraordinairement dociles, fervents de l'orthographe, du plan en trois parties, et très mal préparés à penser tout seuls, comme le démontrent assez les échecs répétés des polytechniciens ou des énarques quand ils se mêlent de gérer les affaires.

Exemplaire, à cet égard, la comparaison entre la France et l'Allemagne. Si Daniel Goeudevert, ancien professeur de lettres, a pu devenir le président français de Volkswagen, c'est qu'il a construit sa carrière en marchant par apprentissages successifs. « Cela aurait été impossible en France, confie-t-il, où la mafia des grandes écoles verrouille tout. »

En Allemagne, les grands patrons autodidactes sont deux fois plus nombreux qu'en France et, grâce aux multiples passerelles entre l'entreprise et l'Université, rien n'est jamais joué d'avance. Plus d'un P-DG allemand sur quatre a débuté comme apprenti, et près de la moitié d'entre eux, sortis du rang, ont repris des études pour décrocher un diplôme d'enseignement supérieur.

Seconde différence, le patron allemand a une meilleure connaissance de la maison qu'il dirige et de son environnement car c'est dans le monde de l'entreprise et non dans les cabinets ministériels qu'il a acquis ses réflexes. En France par contre, 36 % des grands patrons sont des parachutés, arrivés directement dans le fauteuil présidentiel, contre 16 % en Allemagne[1].

Pas d'étonnement donc à voir autant valoriser en France la hiérarchie et la discipline, qui sont autant d'héritages d'un parcours scolaire sélectif qui a privilégié l'obéissance au détriment de l'initiative, la construction théorique au détriment de la pratique.

Pas d'étonnement à les voir autant manier les techniques d'application ou les formules toutes faites qui sont autant de réminiscences des tragiques et stimulants problèmes de robinets et de baignoires.

Pas de surprise aussi à voir la génération des

1. « France. RFA. Deux modèles de patrons », *L'Expansion*, 9/22 janvier 1992.

jeunes diplômés — celle formée après 1968 et qui malmène l'orthographe — se détacher de ces contraintes, préférer l'individu au collectif et dénoncer le formidable « coût de l'excellence » dont leurs aînés ont récolté les prix depuis leur plus jeune âge.

Pas de surprise à les voir condamner les horaires prolongés et les vies cannibalisées qui ne font que masquer les formidables gaspillages que génère la vie d'entreprise et n'ont souvent pour seule utilité que de maintenir l'emploi de ceux qui les cultivent. C'est l'évidence en effet qu'en travaillant mieux, c'est-à-dire de manière plus efficace, les salariés scieraient la branche sur laquelle ils sont assis et sur laquelle ils pensent fonder leur autorité.

Dans bien des cas en effet, le fait de travailler beaucoup n'est qu'un moyen de justifier sa place, son salaire et sa responsabilité. C'est probablement une des raisons qui pousse les salariés les plus rémunérés à prétendre à tout moment qu'ils sont surchargés, surtout les plus menacés. S'ils amélioraient en effet leur performance en termes de productivité, ils ne feraient que démontrer à quel point les entreprises génèrent des sureffectifs, à quel point, comme Alice au pays des merveilles, ils restent au même endroit à force de courir.

Nul doute, dans ces conditions, que le départ volontaire de milliers de jeunes rentiers, accompagné d'une véritable réflexion critique sur l'organisation du travail dans l'entreprise, aurait probablement pour effet d'accroître de manière significative la productivité du travail comme ce fut le cas dans les années 1920 quand il fallut compenser l'horrible saignée provoquée par la Première Guerre mondiale.

Sans compter aussi que, contrairement à l'image forgée par ses détracteurs au début du siècle, le « nouveau » rentier peut générer le fameux plus cher à Adam Smith et démontrer une nouvelle fois avec bonheur que la somme des intérêts individuels est égale à l'intérêt collectif.

Loin d'être un parasite flottant à la surface de l'économie comme le gras du bouillon, le nouveau rentier, pour mieux dormir, n'en sera pas moins utile à la société.

En se retirant tout d'abord volontairement du marché du travail pour laisser la place aux jeunes dont le taux de chômage est de 20,5 % pour les moins de 25 ans (contre 4,5 % en Allemagne), les rentiers libéreront des emplois par milliers et amélioreront du fait même les comptes de l'UNEDIC. Car le manque à gagner que représentera pour la Sécurité sociale la baisse de leur cotisation sera plus que largement compensée par le volume des cotisations de ceux qui pourront désormais trouver un emploi et ne demandent qu'à mobiliser leur énergie et leur imagination jusqu'à l'âge de devenir eux-mêmes rentiers.

Sans compter qu'en renonçant à un salaire élevé, les nouveaux rentiers abaisseront les points morts des entreprises qui les employaient et renforceront ainsi leur compétitivité.

En devenant aussi des investisseurs avisés, attentifs aux mouvements de la Bourse et aux résultats publiés par les sociétés, ils amélioreront aussi la situation financière des entreprises en les alimentant en fonds propres et en capitaux permanents alors que la faible productivité que génèrent aujourd'hui les gaspillages du management convenu pèse sur les charges du compte de résultats.

Si, en France, la croissance est pauvre en emplois, c'est peut-être en effet parce que, dans une large mesure, un certain nombre de dirigeants sont trop payés pour ce qu'ils font. Une enquête récente sur l'emploi du temps des chefs d'entreprise français a ainsi démontré que certains dirigeants ne consacrent que 3 % de leur temps de présence à exercer un travail de leur niveau, 43 % à réaliser un travail du niveau de leurs collaborateurs immédiats et le reste du travail de leurs secrétaires. Cela donne une mesure du gâchis que génèrent les rémunérations élevées.

Les patrons français trop payés

Salaires nets des chefs d'entreprise après impôts et charges sociales en 1989 (en francs)

France	735 995
Italie	719 270
Allemagne	645 320
Royaume-Uni	600 800
Belgique	587 710
Espagne	544 500
Pays-Bas	400 550
Portugal	173 815

Executive compensation service
Euroscopie, Larousse, 1991

C'est aussi en France que l'écart entre le salaire moyen des cadres et le salaire moyen de l'ensemble des actifs est le plus élevé (132 %) alors qu'en Allemagne, ou en Italie, cet écart est beaucoup plus limité (49 % en Allemagne, 52 % en Italie) [1].

Or tout cadre dirigeant se regardant dans un miroir ne peut-il pas légitimement se poser la question : « Suis-je irremplaçable ? » Sans compter surtout qu'en abandonnant le pouvoir vain qui les consume, ils pourront alors mettre leurs compétences et leur nouvelle disponibilité au service de la collectivité et entamer une seconde carrière bénévole mais hautement valorisée dans la mesure où elle échappera aux luttes de clans que génère inévitablement l'entreprise et aux

1. *Les Structures de salaire dans la Communauté européenne*, Document du CERC, 4e trimestre 1988.

décisions prises dans l'affolement et sous la dictature du profit immédiat.

On peut en effet penser que, dégagés des besogneuses contraintes, ces jeunes rentiers ne manqueront pas de mettre leur savoir-faire au service de la formation, de l'encadrement d'associations, de la réalisation d'études, de l'assistance technique aux PME ou aux collectivités locales. Autant d'activités qui leur assureront une nouvelle forme de prestige social et de respectabilité. Sourire, Silence, Sommeil, tels seront les trois S qui permettront aux jeunes rentiers d'inventer les solutions originales pour mieux faire vivre les petites communautés.

Libres de leur temps et en bonne santé, ces jeunes rentiers représenteront en fait un énorme potentiel d'activités dans l'économie non comptabilisée et deviendront les promoteurs actifs de la révolution des modes de vie en cours.

Certes, en échappant à l'impôt sur le revenu et en consommant de manière plus intelligente, ils feront sensiblement baisser les recettes de l'Etat qui devra, du fait même, mieux ajuster ses dépenses, ce que personne ne songera à lui reprocher. L'Etat français est en effet, parmi les grands pays industrialisés, celui qui dépense chaque année le plus de milliards pour la politique de l'emploi alors que nous affichons un des taux de chômage les plus élevés des grands pays occidentaux et, pire, que nous détenons le record du chômage des jeunes et de celui de longue durée.

Jamais la productivité d'un investissement n'a été aussi faible que cette sorte d'empilage frénétique de mesures souvent aussi coûteuses qu'inefficaces.

Pire, alors qu'en 1990, la croissance a été assez forte, 2,7 %, les 240 000 emplois créés n'ont pas fait diminuer le nombre de chômeurs qui a augmenté de 25 000.

Alors qu'en ouvrant les vannes de l'emploi, en réduisant le nombre des maladies cardio-vasculaires et en terrassant le mal de dos, les jeunes rentiers satisferont l'immense majorité des Français dont les accents écologiques ne font que traduire les doutes face aux réponses archaïques de ceux qui prétendent qu'il faut travailler plus.

Le Cercle des poètes disparus, Bagdad Café, L'Ours ou *Le Grand Bleu* ; autant d'hymnes au *carpe diem*, autant d'incitations à ne pas se laisser couler dans le moule des normes sociales ; autant de désirs de parvenir à un bonheur simple et vrai comme celui que s'offriront les jeunes rentiers.

Besoin de culture, attirance vers l'art, goût du voyage, volonté de profiter de l'instant présent ; autant de plaisirs dont ils pourront jouir à loisir.

FRANÇAIS,
SI VOUS N'OSEZ PAS...

Soit, pourriez-vous objecter, la démonstration est séduisante et extrêmement argumentée. L'auteur n'est-il pas professeur à La Sorbonne et spécialiste en la matière ? Mais pourquoi, alors, ne donne-t-il pas l'exemple ? Pourquoi ne met-il pas lui-même ses principes en application ?

A cette redoutable et légitime question, il est possible de répondre en trois points, héritage universitaire oblige.

1° Si je persiste aujourd'hui à travailler et même à multiplier mes activités alors que j'ai la possibilité de devenir rentier, c'est parce que cela me procure toujours du plaisir.

2° Mais, soyez-en certains, si ces activités me procurent toujours du plaisir, c'est parce que je sais qu'à tout moment, j'ai la possibilité de vivre de mes rentes et d'être assuré d'un revenu décent qui me permettrait d'entretenir honorablement ma famille, d'autant plus que mon épouse, autrefois enseignante, aujourd'hui jeune retraitée, a déjà suivi les préceptes de cette lettre et s'en porte comme un charme.

3° Et c'est cette conviction solide et minutieusement calculée qui me garantit la jouissance suprême de travailler sans en avoir besoin, qui m'offre le plaisir et la liberté. La liberté de mes choix et de mes passions. La liberté de faire et dire ce que bon me semble, de refuser les contraintes et les normes, de me moquer des convenances et des hiérarchies, des luttes de clan et des fausses vanités.

Privilège ? Certes. Un privilège — je crois l'avoir démontré — que peuvent et doivent s'offrir des milliers de Français.

Un privilège qui, s'ils continuent à faire fructifier leur capital comme le bon serviteur de l'Evangile, leur permettra de mieux vivre et de mieux dormir et, paradoxalement, d'être plus productif en travaillant moins.

En gagnant en effet l'immense privilège d'afficher leur personnalité et leurs choix, de ne lécher aucune botte, de pouvoir claquer la porte à tout moment, d'affirmer leurs opinions et d'établir des relations plus franches, bref, en étant moins esclaves des contraintes qu'ils s'imposent souvent eux-mêmes par peur ou par flagornerie, ils pourront retrouver le sommeil, la confiance et la sérénité.

Rentiers et futurs rentiers de tous les pays, unissez-vous !

Table

DU MÊME AUTEUR

Vive la crise et l'inflation !
en collaboration avec Alain Plessis,
Hachette-Littérature, 1983

Empire colonial et capitalisme français
Histoire d'un divorce,
Albin Michel, 1984

L'Âge d'or de la France coloniale,
Albin Michel, 1986

Le Temps des chemins de fer en France,
en collaboration avec Clive Lamming,
Nathan, 1986

1789 au jour le jour,
en collaboration avec Dominique Margairaz,
Albin Michel, 1988

La France travaille trop
Éloge du jeune rentier,
Albin Michel, 1989

Dans la collection « Lettre ouverte »

PHILIPPE GUILHAUME	*Lettre ouverte aux Français qui ne veulent plus être pris* que *pour des cons*
PAUL GUTH	*Lettre ouverte aux futurs illettrés*
JEAN-EDERN HALLIER	*Lettre ouverte au colin froid*
JEAN-LUC HENNIG	*Lettre ouverte aux Suisses, si bons, si gros, si tristes*
GUY HOCQUENGHEM	*Lettre ouverte à ceux qui sont passés du col Mao au Rotary*
DOMINIQUE JAMET	*Lettre ouverte à la droite la plus mal à droite du monde*
MICHEL JOBERT	*Lettre ouverte aux femmes politiques*
JACQUES LAURENT	*Lettre ouverte aux étudiants*
JACQUES MARSEILLE	*Lettre ouverte aux Français qui s'usent en travaillant et qui pourraient s'enrichir en dormant*
ANDRÉ MAUROIS	*Lettre ouverte à un jeune homme*
ÉRIC NEUHOFF	*Lettre ouverte à François Truffaut*
FRANÇOIS NOURISSIER	*Lettre ouverte à Jacques Chirac*
LOUIS PAUWELS	*Lettre ouverte aux gens heureux*
THIERRY PFISTER	*Lettre ouverte à la génération Mitterrand qui marche à côté de ses pompes*
MICHEL PONIATOWSKI	*Lettre ouverte au Président de la République*
JEAN-FRANÇOIS REVEL	*Lettre ouverte à la droite*
ALEXANDRE SANGUINETTI	*Lettre ouverte à mes compatriotes corses*
JACQUES SOUSTELLE	*Lettre ouverte aux victimes de la décolonisation*
PIERRE VIANSSON-PONTÉ	*Lettre ouverte aux hommes politiques*
PHILIPPE DE VILLIERS	*Lettre ouverte aux coupeurs de tête et aux menteurs du bicentenaire*
WOLINSKI	*Lettre ouverte à ma femme*

La composition de ce livre
a été effectuée par l'imprimerie Bussière,
l'impression et le brochage ont été effectués
sur presse CAMERON
dans les ateliers de la S.E.P.C. à Saint-Amand-Montrond (Cher)
pour les éditions Albin Michel

Achevé d'imprimer en juin 1992.
N° d'édition : 12471. N° d'impression : 1295.
Dépôt légal : juin 1992.